ROLF PETER SIEFERLE

DAS MIGRATIONSPROBLEM

ROLF PETER SIEFERLE

DAS MIGRATIONS-PROBLEM

Über die Unvereinbarkeit von Sozialstaat und Masseneinwanderung

DIE WERKREIHE VON TUMULT **#01**

Herausgegeben von Frank Böckelmann

MANIASCRIPTUM.

Impressum

Erste Ausgabe der Werkreihe TUMULT, dritte Auflage April 2017
Herausgegeben von Frank Böckelmann/TUMULT. *Vierteljahresschrift für Konsensstörung*, Dresden
www.tumult-magazine.net

Gestaltung & Herstellung
Titelbild: Ungarische Polizisten begleiten Migranten durch Ungarn zum Bahnhof der ungarisch-serbischen Grenzstadt Zákány, 20. September 2015. © dpa (Fotograf: György Varga)
Autorenfoto Rolf Peter Sieferle: © Daniel Ammann, Herisau (CH)
Gestaltung: Lothar Carstens, Berlin
Druck und Bindung: druckhaus köthen

Vertrieb (Bahnhofs- und Flughafenbuchhandel)
IPS Pressevertrieb GmbH
Postfach 12 11
53334 Meckenheim
Tel.: +49(0)22 25 88 01-0, Fax: +49(0)22 25 88 01-199
eMail: info@ips-d.de

Pressecode: 4-191061-016003-01
Titelnummer: 10610
ISBN: 978-3-944872-41-4

Printed in Germany

www.manuscriptum.de

INHALT

VORWORT

Als Rolf Peter Sieferle seinen Freunden in den Sommermonaten 2016 im intensiven Briefwechsel seine Ansichten zur gegenwärtigen Migrationskrise tranchenweise zur Kommentierung und Diskussion zusandte, konnte keiner von uns erahnen, daß daraus in Kürze seine letzte Studie zur Lage und Zukunft unserer Nation hervorgehen sollte.

Dann, im September 2015, als eine gesinnungsethisch hochfliegende Kanzlerin *in fraudem legis** eine entgrenzte Willkommenskultur für »Flüchtlinge« verkündete und sich in einem ersten Ansturm weit über eine Million Zuwanderer, überwiegend unausgebildete und kaum des Lesens und Schreibens kundige junge Muslime, in unser Land ergossen, mußte ihm dies wie ein bekanntes, wie im Zeitraffermodus ablaufendes Migrationsszenarium vorkommen. Die zeitgleich massiv einsetzende politisch-mediale Propaganda, komponiert aus Pseudo-Events, irreführenden Pars-pro-toto-Bildern von vereinzelt auftretenden Müttern und Kindern mit Anspruch auf Mitleid, konfektionierten Statistiken und insgesamt lückenhafter Berichterstattung, sollte in der Bevölkerung die Illusion hervorrufen, die Politik sei jederzeit Herr der Lage und diene im Sinne Deutschlands einer großen humanitären Aufgabe. Die dabei zu beobachtenden Facetten obrigkeitlicher und medialer Dreistigkeit, vor allem die demagogischen Verrenkungen, wurden zu einem unserer kommunikativen Dauerthemen.

Bereits in seinem zeitkritischen opus magnum mit dem Titel *Epochenwechsel – Die Deutschen an der Schwelle zum 21. Jahrhundert* (Propyläen 1994), einem geradezu prophetischen Werk, beschrieb Rolf Peter Sieferle den »Nationalstaat in der Verteidigung«, als in seiner Existenz akut bedroht von den Kräften der »ökonomischen Universalisierung« und des »humanitären Universalismus« als globalistischer Skylla und Charybdis. Die aus der gegenwärtigen akuten Krise sich abzeichnenden massenmigratorischen Folgen für Europa und Deutschland, ihre autochthone Gesellschaft und die Reste ihrer identitären Kultur, veranlaßten ihn erneut zu einer gründlichen Beschäftigung mit dem Thema.

* »Unter Umgehung des Gesetzes«

Da rasch klar war, daß das eigentliche Motiv der meisten Zuwanderer wie eh und je zuallererst in der Suche nach besseren Lebenschancen und nicht etwa in bitterer Armut oder gar der asylberechtigten Flucht vor einem Kriegstheater gesucht werden mußte, drängten sich ihm zwei weitere Themenkomplexe zur näheren Untersuchung auf, nämlich zunächst die verschiedenen offiziellen und migrationsindustriell gespeisten Legitimationsnarrative, mit denen der deutschen Bevölkerung politisch-medial die Notwendigkeit der Massenzuwanderung von Scheinasylanten und die vielfältige »Bereicherung« durch sie angepriesen wurde und wird. Erwartungsgemäß hielt keines der fünf »Meisternarrative« einer kritischen Betrachtung stand. Ohne Ausnahme handelt es sich bei ihnen um mehr oder weniger entstellende Manipulationen komplexer Realitätsbestände zur Beschwörung illusionärer Gewißheiten.

Auch die immer wieder behauptete Dichotomie zwischen Globalisierungsgewinnern und Globalisierungsverlierern, die einen scheinbar aufgeklärt-modern, gebildet und *pro domo* für eine Multikulti-Gesellschaft optierend, die anderen rückwärtsgewandt, den Unterschichten entstammend und gegen die desaströsen Folgen des Masseninflux von Scheinasylanten protestierend, hielt keiner näheren Betrachtung stand.

Im *zweiten* Schwerpunkt, wo die Motivik der politisch Verantwortlichen sowie der sie stützenden Teile der Bevölkerung freigelegt und der metapolitische Hintergrund ausgeleuchtet wird, betreten wir vermintes Diskursgelände. Wir geraten in direkten Kontakt mit der »Psychopathologie deutscher politischer Befindlichkeit« (Botho Strauß). Rolf Peter Sieferle bringt sie in gewohnter Weise ebenso souverän wie prägnant auf den Punkt.

Er stellt fest, daß sich Europa und Deutschland in einem »Prozeß der Selbstdestruktion« befinden. Was uns auf dem Weg dorthin und am Ende erwarten kann, wird von ihm eingehend erwogen und beschrieben. Gunnar Heinsohn folgend, den er sehr schätzte, schließt er nicht aus, daß Europa und Deutschland ihren letzten Beitrag zur Weltgeschichte als mahnendes Beispiel für die verbliebenen »Kompetenzfestungen« leisten werden.

Die Bundeskanzlerin hat sich entschlossen – was Sieferle bereits zu befürchten schien –, eine vierte Amtszeit anzustreben. Sie begründete dies unter Hinweis auf ihre Gaben und Talente und in prekärem Deutsch auch damit, sie spüre, »dass ich meinem Land und meiner Partei etwas zurückgeben kann, was mir gegeben wird«. Dabei kann es sich wahrlich nicht um viel Gutes handeln bzw. gehandelt haben. Eine Politikerin empfiehlt sich für das Management einer Krise, die sie selbst maßgeblich hervorgerufen hat. Bertolt Brecht und sein Herr Keuner lassen grüßen. In einem Schreiben an Michael Klonovsky vom 26. August 2016 wies Rolf Peter Sieferle darauf hin, daß bei einer Wiederwahl des Merkel-Regimes die Deutschen den Tatbestand der Kollektivschuld für die Destabilisierung Europas erfüllen würden.

Was seine Studie aus der Vielzahl der bereits zum Thema erschienenen deutlich hervorhebt, ist dem Glücksfall geschuldet, daß er als Historiker und Sozialwissenschaftler auf zwei gleichlangen disziplinären Beinen unterwegs war und damit der Migrationskrise nicht nur Struktur verlieh, sondern zugleich ein profundes historisches Fundament. Bei alledem blieb er ungeachtet seines leidenschaftlichen Interesses, mit dem er das Geschehen verfolgte, stets seiner Rolle als »neutraler Beobachter« und dem selbstgewählten Motto aus Spinozas *Tractatus Philosophicus* treu, dem »non ridere, neque lugere neque destari, sed intellegere«*. All diese Eigenschaften sind es, die seiner Argumentation in ihrer Klarheit und Schlüssigkeit eine geradezu zwingende Überzeugungskraft verleihen.

In Stellvertretung von Rolf Peter Sieferles engen Freunden Hans-Jürgen van de Laar, Kurt Möser und Thomas Muhs

Raimund Th. Kolb am 27. November 2016

* »nicht belachen, nicht betrauern und nicht verabscheuen, sondern verstehen«

MIGRATIONSURSACHEN

Zur Zeit überschwemmt eine Migrationswelle von präzedenzlosem Umfang Europa. Millionen von Menschen machen sich von der Peripherie auf, um in das gelobte Land zu gelangen. Europa ist von kollabierenden Staaten und von Gebieten mit geringem Hoffnungspotential umgeben. Die Bevölkerung Afrikas, die zur Zeit noch etwa eine Milliarde beträgt, wächst jährlich um etwa 3 %, also um 30 Millionen, von denen sich einige Millionen jährlich auf den Weg in ein erhofftes besseres Leben machen. Wenn es nur 10 % des Zuwachses sind, so sind dies bereits 3 Millionen im Jahr. Hinzu kommen Migrationen aus den Bürgerkriegsgebieten des Nahen Ostens sowie aus weiteren Teilen Süd- und Westasiens, bis Bangladesch. Teile der Barrieren, die früher diese Wanderungen aufgehalten haben, sind verschwunden. Allein in Libyen sollen etwa eine Million Migranten darauf warten, einen Platz in einem der Boote zu finden, die sie auf den gefährlichen Weg über das Mittelmeer bringen.

Nach Angaben der UN ist in den nächsten Jahrzehnten mit der folgenden globalen demographischen Entwicklung zu rechnen:

Mittlere Schätzungen der Bevölkerungszahlen weltweit und in einzelnen Großräumen

	Bevölkerung (in Millionen)			
Großraum	**2015**	**2030**	**2050**	**2100**
Welt	7349	8501	9725	11213
Afrika	1186	1679	2478	4387
Asien	4393	4923	5267	4889
Europa	738	734	707	646
Lateinamerika und Karibik	634	721	784	721
Nordamerika	358	396	433	500
Ozeanien	39	47	57	71

Die Bevölkerung Europas wird also (ceteris paribus) zwischen heute und 2050 um 31 Millionen schrumpfen. Im Jahr 2100 wird der Anteil der europäischen Bevölkerung an der Weltbevölkerung nur noch 5,7 % betragen. In Afrika dagegen wird sich die Bevölkerung bis 2050 verdoppeln, und dieses Wachstum wird sich bis Ende des Jahrhunderts wiederholen. Ihr Anteil an der Weltbevölkerung wird von 16 % auf rund 40 % ansteigen.

Ein Viertel der Bevölkerung Europas ist heute älter als 60, während dies in Afrika nur auf 5 % zutrifft. 41 % der Afrikaner sind jünger als 15 Jahre. Die muslimische Bevölkerung Nordafrikas wird in den nächsten 35 Jahren um 130 Millionen wachsen. Allein in Ägypten wird der Zuwachs 60 Millionen betragen, bei einer Gesamtbevölkerung von 151 Millionen im Jahr 2050. Dennoch wird Ägypten dann erst die fünftgrößte muslimische Bevölkerung in der Welt besitzen, nach Indonesien, Pakistan, Bangladesch und Indien.

Der relative (oder gar absolute) Bevölkerungsrückgang betrifft nicht nur Europa, sondern auch Japan. Bis 2050 wird Japan 19 Millionen verlieren und seine Gesamtbevölkerung wird auf 107 Millionen zurückgehen. Schon jetzt ist ein Drittel der Bevölkerung älter als 60 und nur ein Siebtel der Bevölkerung ist jünger als 16 Jahre.

Wir haben hier offenbar eine Entwicklung von prinzipieller Bedeutung vor uns: Die Bevölkerungen in den reifen Industrieländern werden älter und schrumpfen quantitativ, während es in den Entwicklungsländern ein drastisches Bevölkerungswachstum gibt. Zwischen diesen beiden Prozessen besteht allerdings kein kausaler Zusammenhang: Die Bevölkerung in der Dritten Welt wächst nicht etwa, weil sie in den entwickelten Ländern zurückgeht, sondern es handelt sich hierbei um Epiphänomene des umfassenderen Komplexes der industriellen Transformation, die eben auch mit demographischen Effekten verbunden ist.

Die Migration der wachsenden Bevölkerung in den Ländern der Dritten Welt nach Europa findet keineswegs aus dem Grunde statt, weil die Bevölkerung in den reichen Ländern stagniert oder zurückgeht. Die Migranten stoßen nicht in »leere Räume« vor, wie dies etwa bei der europäischen Migration nach Amerika der Fall war. Die globale Bevölkerungsdichte beträgt heute etwa 54 Personen pro km². In Japan beträgt sie 335, in Deutschland 228, in Syrien 115, in Afghanistan 39, in Nigeria 193 und in Äthiopien 83 Personen pro km². Insgesamt hat das subsaharische Afrika eine Bevölkerungsdichte von 80 Personen pro km², im Vergleich zu Europa (EU) mit 117 Personen pro km².

Es wandern also Menschen aus dünnbesiedelten in dichter besiedelte Räume. Dies ist unter industriegesellschaftlichen Bedingungen auch nicht anders zu erwarten. Im Gegensatz zu Bauern, die nach Land suchen und deshalb in »leere« Räume einströmen, suchen die heutigen Migranten Chancen in komplexen, arbeitsteiligen Gesellschaften, die sich von der Fläche emanzipiert haben.

Woher kommt der aktuelle Migrationsdruck? Diese Frage kann mit einem Blick auf die Entwicklung des relativen Wohlstands im globalen Rahmen beantwortet werden. Nach einer Untersuchung von François Bourguignon[1] ist der Einkommensunterschied zwischen verschiedenen Ländern seit dem frühen 19. Jahrhundert drastisch gestiegen. Nach 1980 hat er seinen Höhepunkt erreicht, und seitdem geht er wieder zurück. Heute liegt er etwa wieder auf dem Niveau von 1900. Das 20. Jahrhundert war also eine Ära der wachsenden Ungleichheit zwischen den Weltregionen, und diese Differenz wird heute im Zeitalter der Globalisierung ziemlich rasch wieder abgebaut.

Die Ungleichheit zwischen den Staaten wird geringer
Einkommensunterschiede in Gini-Punkten*

Die Ungleichheit ist seit 1990 so stark zurückgegangen, wie sie seit 1900 zugenommen hatte.

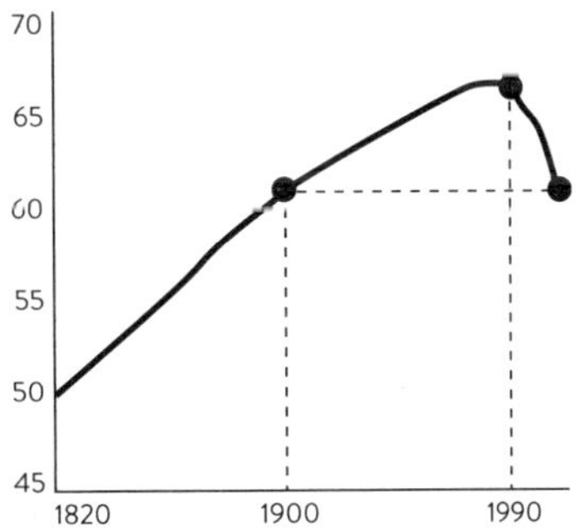

* Gini-Koeffezient: Je höher der Wert, desto ungleicher die Verteilung (Maximum = 100 Punkte).

Der wirkliche Grund für die Migration ist also nicht etwa die Armut in den Herkunftsgebieten, sondern es verhält sich genau umgekehrt. Da die Differenz im Lebensstandard zwischen den Regionen der Welt seit 1990 abgenommen hat, bedeutet dies, daß immer mehr Menschen in

1 François Bourguignon: *The Globalization of Inequality*, Princeton 2015

die Lage versetzt werden, sich zu informieren und eine Entscheidung für die Migration zu treffen, deren Kosten tragbar werden. Es ist also die Zunahme des relativen Wohlstands, die in den letzten Jahren eine Massenmigration eingeleitet hat. Zuvor waren es eher die Angehörigen der (gut ausgebildeten) Eliten, die in die Industrieländer migriert sind, jetzt ist es tendenziell jeder, der sich ein Mobiltelefon leisten kann.

Die Kommunikations- und Reisekosten sind stark gefallen, so daß für immer mehr Menschen die Migration in Frage kommt. Ein weiterer Hintergrund ist die Differenz des Reproduktionsverhaltens. In den reichen Ländern nähert man sich einem stationären Bevölkerungsaufbau, während in den Entwicklungsländern noch immer eine demographische Struktur vorherrschend ist, bei der eine verringerte Sterblichkeit zu drastischem Bevölkerungswachstum führt. Zugleich findet in den Herkunftsländern eine ökonomische Entwicklung statt, die mit starken Erwartungen verbunden ist. Solange die Menschen in den überkommenen agrargesellschaftlichen Umständen leben, sind sie zwar arm, doch befinden sie sich in einem gewissen Gleichgewicht der Erwartung. Die Armut gehört gewissermaßen zum Weltzustand, an ihr kann eigentlich nicht gerüttelt werden. Zwar gibt es enorme Unterschiede zwischen arm und reich, doch befinden sich diese in unterschiedlichen sozialen Kategorien. Der arme Bauer vergleicht sich vielleicht mit seinem Nachbarn, nicht aber mit dem Fürsten.

Diese gleichgewichtige Situation ändert sich durch die Industrialisierung. Jetzt gibt es neuartige Gewinner und Verlierer, und es baut sich ein Erwartungsdruck auf, der umso höher gespannt ist, je rascher die Wohlstandssteigerung stattfindet. In der Agrargesellschaft hatte der normale Mensch kein eigenes Verkehrsmittel. In der Industrialisierung erwirbt der eine ein Fahrrad und der andere ein Auto. Der Fahrradbesitzer freut sich dann nicht so sehr darüber, sich ein Fahrrad leisten zu können, sondern er ist darüber verärgert, daß es kein Auto ist. Die Unzufriedenheit steigt also in dem Maße, wie der Wohlstand zunimmt und Menschen oder Länder ins Visier geraten, deren Wohlstand höher ist als der eigene.

Wir können hier eine Parallele zur Entwicklung in Europa im 19. Jahrhundert ziehen. Die Industrialisierung erhöhte den materiellen

Lebenstandard für die Masse der Menschen, doch stiegen die Erwartungen einer Verbesserung des Lebensstandards schneller als der Lebensstandard. Diese Spannung zwischen Erwartung und Erfahrung ist aber ein Grund für Unzufriedenheit, die sich in unterschiedlicher Weise äußern kann. Der Soziologe James C. Davies hat schon 1962 ein einfaches Modell vorgelegt, das diesen Zusammenhang illustriert.[2]

Bedürfnisbefriedigung und Revolution

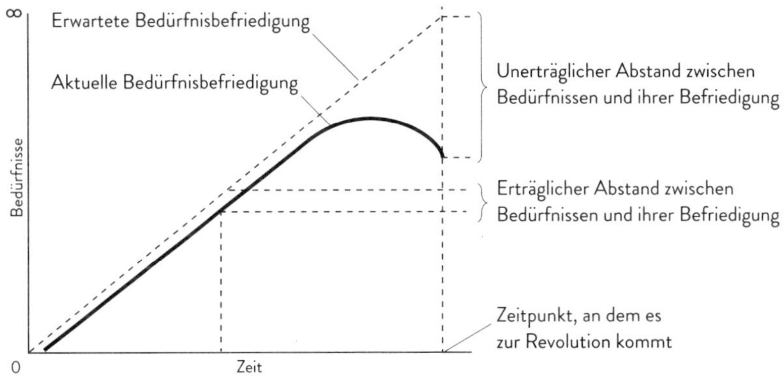

Dieses Modell dient der Erklärung des sozialen Protests im 19. Jahrhundert, es kann aber generell auf die wachsende Unzufriedenheit im Zuge der wirtschaftlichen Entwicklung angewandt werden. Entscheidend daran ist, daß die »Revolution«, die »Rebellion« oder generell der soziale Protest nicht etwa Ergebnis einer absolut schlechten Lage sind (»Armut« oder »Unterdrückung«), sondern vielmehr einer wachsenden Spannung zwischen Erwartungen und Befriedigung von Erwartungen. Wenn die Erwartungen steigen, das reale Befriedigungsniveau aber nicht mithält, entsteht Unzufriedenheit, die sich unterschiedliche Ventile suchen kann. Wir können zur Typisierung der unterschiedlichen Antworten auf Unzufriedenheit auf das schöne Erklärungsmodell zurückgreifen, das Albert O. Hirschman entwickelt hat.[3] Er unterscheidet zwei

2 James C. Davies: »Toward a Theory of Revolution«, in: *American Sociological Review* 27, 1962, S. 6

3 Albert Hirschman: *Exit, Voice, and Loyalty. Responses to Decline in Firms, Organizations, and States*, Cambridge MA 1970

Reaktionsweisen auf eine unbefriedigende Lage, nämlich *exit* und *voice*, d. h. wer mit seiner Lage unzufrieden ist, kann abwandern und sich eine bessere Umgebung suchen, oder aber er erhebt seine Stimme, organisiert sich und protestiert, wodurch die Unzufriedenheit in den (politischen) Konflikt transformiert wird.

Beziehen wir dies auf die Herkunftsländer der Migranten, erhalten wir die folgenden beiden Reaktionsmöglichkeiten auf eine unzufrieden machende Dynamisierung ihrer sozialen Situation:

- Es gibt die Wahrnehmung, daß im eigenen Land nur geringe Chancen zur Erringung des erwarteten gehobenen Lebensstandards bestehen, also versuchen viele Menschen, in Länder mit besseren Chancen auszuwandern (»Wirtschaftsflüchtlinge«).

- Es gibt immer mehr Konflikte um Lebenschancen, die zunehmend gewaltsam zwischen tribalen Gruppen ausgetragen werden, wodurch einzelne politisch unterdrückt werden können (»Asylanten«) oder generell die innere Sicherheit sinkt (»Bürgerkriegsflüchtlinge«).

Man sieht also, daß zwischen »Wirtschaftsflüchtlingen« und »Bürgerkriegsflüchtlingen« bzw. »politisch Unterdrückten« kein prinzipieller Unterschied besteht. Die »Wirtschaftsflüchtlinge« wählen angesichts ihrer unbefriedigenden Situation das *exit*, sie wandern also in Länder aus, in denen sie sich bessere ökonomische Chancen erhoffen. Andere bleiben in ihrem Land und versuchen, dort ihre Position durch Erheben der »Stimme«, also durch politischen Protest zu verbessern, was in einer konfliktreichen Situation leicht zur politischen Unterdrückung führt, vor der sie als »Asylsuchende« in sichere Länder fliehen möchten. Oder die Konflikte eskalieren zum Bürgerkrieg, so daß sie eben als »Bürgerkriegsflüchtlinge« gelten.

Wenn man diesen Hintergrund ernst nimmt, wird auch deutlich, wie problematisch die häufig beschworene Lösung ist, die »Fluchtursachen« in den Herkunftsländern zu beheben. Wenn eine Methode dazu die Zahlung von Entwicklungshilfe ist, kann diese die betroffenen Gesellschaften destabilisieren, neue Erwartungen schaffen und enttäuschen, und schließlich Konfliktgründe erzeugen. Solange ein Wohlstandsgefälle zwischen den Industrieländern und den Entwicklungsländern besteht, wird eine Steigerung des Lebensstandards in den Entwicklungsländern den Migrationsdruck nicht etwa mindern, sondern vergrößern. Man kann das Migrationsverhalten im heutigen Westasien oder Afrika mit dem in Europa der letzten Jahrhunderte vergleichen. In Zeiten, in denen die Lage in Europa materiell und politisch wirklich von Elend geprägt war, etwa im 17. Jahrhundert, war die Auswanderung nach Amerika verschwindend gering. Die meisten Menschen waren zu unwissend und zu arm, um einen solchen Schritt zu wagen. Die große Welle der Auswanderung nach Amerika fand erst in der zweiten Hälfte des 19. Jahrhunderts statt, also in einer Zeit, in der sich durch die Industrialisierung der Lebensstandard in Europa deutlich verbesserte. Emigration war daher nicht so sehr Ausdruck von absoluter Armut, sondern Ergebnis der Erwartung, seine Lage durch Migration deutlich verbessern zu können.

Die Gründe für die Migration liegen also auf seiten der Migranten auf der Hand: Sie streben danach, in eine Weltregion zu wandern, die ihnen größere Chancen bietet als ihre Heimat. Sie verhalten sich damit ökonomisch gesehen völlig rational, indem sie versuchen, den größtmöglichen Preis für die von ihnen angebotene Ware, ihre Arbeit, zu erzielen bzw., wenn dies nicht zufriedenstellend ausgeht, nach einer Rente zu suchen, die ihnen in den Zielländern vom Sozialstaat angeboten wird.

Man kann auf dieser grundsätzlichen Ebene nun fragen, wie groß die Chancen für die Migranten stehen, tatsächlich eine Verbesserung ihrer Lage zu erreichen. Was wollen sie eigentlich? Wollen sie ihre absolute, physische Lage verbessern, etwa gemessen in Kalorien Nahrung? Wenn dies ihr Ziel ist, können sie es erreichen, doch ist fraglich, ob sie dieses Ziel nicht bereits in ihrem Herkunftsland erreicht hatten. Wenn dagegen ihr Ziel darin besteht, ihre soziale Lage zu verbessern, wird es problematisch. Die Migranten sind ja in der Regel nicht die Ärmsten der Armen, entstammen also nicht der Unterschicht in ihren Herkunftsländern, sondern sie gehören eher gehobenen Schichten an, die es sich leisten können, ein Mitglied ihres Clans nach Europa zu schicken.

In Europa werden sie nun die Erfahrung machen, daß vielleicht ihre materielle Situation besser wird, dies aber mit einem sozialen Abstieg zu bezahlen ist. Sie müssen sich ganz hinten anstellen, und in der Regel besitzen sie keine Qualifikation, die es ihnen ermöglichte, sozial aufzusteigen. Der Erwerb einer solchen Qualifikation ist jedoch ein langer, beschwerlicher Weg, und es fragt sich, ob er innerhalb einer Generation zurückgelegt werden kann. Die Immigranten befinden sich damit in einer paradoxen Situation: Ihre materielle Lage hat sich verbessert, ihre soziale Position hat sich dagegen verschlechtert.

Wie geht man mit einer solchen Situation um? Was macht ein vitaler, unternehmerischer junger Mann, der keine Qualifikation besitzt, in der Zielgesellschaft eine anerkannte soziale Position zu erringen? Er wird versuchen, dies auf anderen Wegen zu erreichen, etwa durch Integration in eine tribale Parallelgesellschaft, vielleicht durch illegale Aktivitäten wie Drogenhandel, vielleicht auch durch ideologische Radikalisierung, die den Haß auf das Versagen bündelt und in politische Aktivitäten (bis hin zum Terrorismus) umsetzt. Es wundert daher wenig, wenn nach einer gewissen Zeit der Ernüchterung Haß und Radikalisierung auftreten. Die Erwartungen sind wiederholt enttäuscht worden, und die Reaktion darauf besteht im Protest in verschiedenen Varianten.

SITUATION IN DEN ZIELLÄNDERN

1. RÜCKGANG DER BÜRGERSCHAFTSRENTE

In den Zielländern sieht die Lage etwas schwieriger aus. Die Industrialisierung ging aus komplexen und kontingenten, hier nicht weiter zu erörternden Gründen von Europa und den neoeuropäischen Ländern (USA, Kanada, Australien, Neuseeland) aus, während die übrige Welt zunächst auf dem Niveau von Agrargesellschaften verharrte. Seit dem 19. Jahrhundert gelang es dann sukzessive einer Reihe von außereuropäischen Ländern, auf den Zug der Industrialisierung aufzuspringen und früher oder später das europäische Niveau zu erreichen, wenn nicht zu übertreffen. Dies gilt vor allem für agrarische Zivilisationen in Asien wie Japan, Korea oder China. Andere Weltzonen, vor allem solche, in denen wie in Afrika keine hochentwickelten agrarischen Zivilisationen existierten, hatten erhebliche Schwierigkeiten, sich dem Industrialisierungsmuster anzuschließen, zu dem auch institutionelle und kulturelle Elemente gehören.

Ein wesentliches Element der Industrialisierung war die Steigerung der Arbeitsproduktivität durch den Einsatz arbeitsparender Technologien, mit dem Effekt, daß zur Produktion einzelner Waren ein immer geringerer Arbeitsaufwand erforderlich war. Dies führte dazu, daß die Relation zwischen Löhnen und Preisen sich zugunsten der Löhne verschieben konnte, und da das Lohnniveau von den produktiven Wirtschaftssektoren bestimmt wurde, stiegen die Löhne auch in solchen Bereichen, in denen kein technischer Fortschritt stattfand, da die Grenznachfrage nach Arbeit von den produktiven Sektoren bestimmt wurde. Unter den Bedingungen einer geringen und kostspieligen Mobilität auf den internationalen Arbeitsmärkten führte dies dazu, daß gleiche Arbeit ungleich entlohnt wurde. Ein Handlanger, der in Chicago Säcke schleppte, erhielt das Vielfache des Lohns eines Handlangers, der die gleiche Arbeit in Shanghai verrichtete. Diese Mobilitätsbeschränkung auf den internationalen Arbeitsmärkten führte generell dazu, daß es für das Einkommen der meisten Menschen im globalen Maßstab entscheidender wurde, in welchem Land sie lebten, als welche soziale

Stellung sie in ihrem jeweiligen Land einnahmen.[4] Gleiche Tätigkeiten wurden ungleich entlohnt, je nach dem Ort, an dem sie verrichtet wurden. Die »Armen« in den »reichen Ländern« gehörten global gesehen zu den »Reichen«. Dies war eine sensationelle Anomalie, die sich der ungleichmäßigen industriellen Transformation verdankte. Die Menschen in den Pionierländern empfingen auf diese Weise eine »Bürgerschaftsrente« (*citizenship rent*), die sie als selbstverständliches Element des Arbeitslohns empfanden.

Der Höhepunkt dieser Bürgerschaftsrente lag in der Mitte des 20. Jahrhunderts, einer Zeit, die noch heute von vielen Gewerkschaftern als das goldene Zeitalter der Arbeiterschaft angesehen wird. Dies galt besonders für die USA, aber auch für die europäischen Länder, die vom »Wirtschaftswunder« nach dem Zweiten Weltkrieg ergriffen wurden. In dieser Zeit gab es in den USA fast keine Immigration. Die wenigen Arbeitskräfte, die zugelassen wurden, kamen aus Europa. Es gab hohe Zollschranken für importierte Industrieprodukte, und die amerikanische Wirtschaft besaß auf vielen Gebieten einen Produktivitätsvorsprung gegenüber ihren Konkurrenten auf dem Weltmarkt.

Unter diesen Bedingungen lebten die unqualifizierten Arbeiter in geradezu idealen Zuständen. Ihr Beschäftigungsgrad erreichte fast 100 %, es gab kaum Arbeitslose, und die Löhne waren so hoch, daß ein normaler Arbeiter damit seine Familie ernähren konnte, einschließlich Eigenheim und PKW. Die Beschäftigung von Frauen war niedrig, da die Löhne der Männer ausreichten, die gesamte Familie zu unterhalten.

Diese Lage änderte sich seit den 1970er Jahren aufgrund der weltwirtschaftlichen Entwicklung. Es traten zunehmend ernstzunehmende Konkurrenten auf, die zu günstigeren Bedingungen produzierten, zunächst Japan, dann Korea und die asiatischen Tiger, schließlich China. Dies hatte eine Reihe von Effekten. An erster Stelle ist eine wachsende Konkurrenz auf den Gütermärkten zu nennen, was bedeutete, daß ein Arbeiter in einem Industrieland de facto mit einem Arbeiter in einem Schwellenland konkurrierte. Solange nicht ein großer Unterschied in der Arbeitsproduktivität aufrechterhalten werden konnte, führte dies zur Angleichung der Arbeitslöhne bzw. zum Verlust der Arbeitsplätze aufgrund der Verlagerung der Produktion an günstigere Standorte.

Dieser Prozeß wurde durch eine Verringerung der Transportkosten wie auch durch die neuen Informationssysteme erleichtert. Eine große Rolle spielte auch die Aufweichung institutioneller Schranken, also die zunehmende Durchsetzung des Freihandels, aber auch eine wachsende Arbeitsimmigration aus nichteuropäischen Ländern in die Industrieländer. Um 1960 kamen in den USA noch 80 % der Immigranten aus Europa. 2010 waren es nur noch 10 %.

Durch diesen Prozeß der Globalisierung, der internationalen industriellen Homogenisierung und der Migration wurde die Bürgerschaftsrente allmählich abgebaut. Wenn die Mobilität auf den verschiedenen Märkten erleichtert wird, werden die Voraussetzungen dieser Rente aufgelöst. Dies hat eine ambivalente Konsequenz. Einerseits sinken die Güterpreise, da jetzt an günstigeren Standorten produziert werden kann, was den Konsumenten zugute kommt. Andererseits verschwinden aber auch relativ hochbezahlte, d. h. eine Bürgerschaftsrente gewährende Arbeitsplätze, vor allem auf dem Sektor der gering Qualifizierten, mit der Folge wachsender Arbeitslosigkeit oder prekärer Beschäftigung.

Die Migration in die Industrieländer verschärft dieses Problem, da jetzt zur indirekten Konkurrenz auf den internationalen Gütermärkten eine direkte Konkurrenz auf den nationalen Arbeitsmärkten tritt, die vorwiegend die Geringqualifizierten betrifft. Ihr »populistischer« Protest gegen Freihandel, Globalisierung und Immigration ist daher ökonomisch rational und keineswegs nur Ausdruck dumpfer Vorurteile. Die verbreitete Klage derjenigen, deren Bürgerschaftsrente dahinschmilzt, ist verständlich: Sie interpretieren dies als Ergebnis des »Neoliberalismus« und der Globalisierung, als Öffnen einer Schere von arm und reich durch Abbau von Handelshemmnissen. Dies ist im Prinzip richtig, doch müssen sie sich darüber im klaren sein, daß sie gegen den Verlust von Privilegien protestieren, die historisch-transitorischen Charakter hatten. Ein Protest gegen diese Einbuße im Namen des humanitären Universalismus ist jedenfalls inkonsistent.

Dieser Prozeß der Globalisierung der Arbeitsmärkte, der noch lange nicht abgeschlossen ist, schafft nicht nur Verlierer, sondern auch

4 Daten dazu bei Branko Milanovic: *Global Inequality. A New Approach for the Age of Globalization*, Cambridge 2016

Gewinner. Ihre Bürgerschaftsrente werden zunächst nur diejenigen verlieren, die mit zahlreichen anderen Arbeitskräften konkurrieren müssen, die gleich gering qualifiziert sind. Bei den Höherqualifizierten entsteht durch die Globalisierung jedoch ein umgekehrter Effekt. Sie konkurrieren als Minorität auf einem vergrößerten, tendenziell globalen Arbeitsmarkt, auf dem sie auf relativ geringe Konkurrenz stoßen. Für sie kann daher ein *Winner-Take-All*-Effekt eintreten, d. h. da die Nachfrage nach ihren Leistungen aufgrund der vergrößerten Märkte steigt, nimmt auch ihre Entlohnung überproportional zu.[5] Sie profitieren daher nicht nur von sinkenden Preisen der Konsumgüter, sondern auch von steigenden Löhnen, und die Immigration ermöglicht ihnen eine bessere Verfügung über unqualifizierte Arbeit (etwa von Hilfskräften im Haushalt), da deren Preis durch das Abschmelzen der Bürgerschaftsrente sinkt. Ähnliches gilt auch für Eigentümer von Kapital, die von vornherein keine Bürgerschaftsrente bezogen haben. Bei ihnen kann allerdings das Problem schwindender Anlagechancen auftreten.

Es sind also die Globalisierungsgewinner, die im Eigeninteresse für eine multikulturelle Gesellschaft plädieren. Diese Gesellschaft bietet »buntere« Konsumchancen, Verfügung über zahlreiche Dienstleistungen und schließlich auch die Chance für ein höheres Einkommen. Allerdings wird es sich längerfristig bei diesen Gewinnern nur um eine recht kleine Minorität von wirklich hochqualifizierten Experten und Spezialisten handeln. Alle übrigen Marktteilnehmer werden dagegen sukzessive die Reste ihrer Bürgerschaftsrente einbüßen, ohne eine neue Hochqualifiziertenrente beziehen zu können. Diese »Mittelschicht« wird daher ebenfalls verschwinden, und es liegt keineswegs in ihrem wohlverstandenen Interesse, wenn die Immigration von wenig qualifizierten Personen zunimmt, da sie diese aus ihrem sinkenden Einkommen finanzieren muß.

Heute lassen sich vielleicht noch die multikulturell orientierten Globalisierungsgewinner aus der gehobenen Mittelschicht den nationalistisch-populistisch orientierten Globalisierungsverlierern aus der Unterschicht gegenüberstellen. Die einen setzen auf den Fortgang einer Entwicklung, die ihnen bisher in erster Linie Vorteile gebracht hat. Die anderen setzen verzweifelt auf eine Rekonstruktion des goldenen Zeitalters, die ihnen von populistischen Politikern in einem Spektrum von Donald Trump bis Marine Le Pen versprochen wird. Diese Frontlinie mag irrational sein, doch ist damit zu rechnen, daß die politisch-sozialen Konflikte der Zukunft sich an ihr ausrichten werden.

2. DAS ENDE DES SOZIALSTAATS

Der Wohlfahrtsstaat beruht in seinem Kern auf Solidarität und Vertrauen innerhalb eines politisch begrenzten, genau definierten Raums, nämlich des Nationalstaats. Der Sozialstaat ist eine Genossenschaft, kein freies Gut! Er ist eine Allmende im Sinne von Ostrom,[6] d. h. wenn ihm nicht mit institutionell-kultureller Restriktion begegnet wird, tritt Hardins »tragedy of the commons« ein.[7] Dies kann bereits im Kontext des Nationalstaats entstehen. Im Kontext der Globalisierung tritt hier aber eine sprengende Tendenz auf. Ein globaler Sozialstaat ist eine Utopie. Der reale Sozialstaat beruht aber auf dem Prinzip der Genossenschaft, er ist also ein Club mit definierter Mitgliedschaft. Aufgrund seiner Leistungen zieht er aber Personen an, die dem Club nicht angehören, gerne aber seine Leistungen empfangen würden.

Ähnlich wie die Bürgerschaftsrente ist der Sozialstaat im Kontext der Globalisierung im Grunde ein Anachronismus. Er entstammt der Ära der »modernen Industriegesellschaft«, in der eine weitgehende Deckungsgleichheit von politischen und ökonomischen Räumen existierte. Dem National-Staat entsprach die National-Ökonomie, und der Sozialstaat war deren sozialfürsorgliche Ausgestaltung. Der Nationalstaat stellte nicht nur institutionelle und infrastrukturelle Leistungen für die Nationalökonomie zur Verfügung, von der inneren Sicherheit und der Rechtspflege über Verkehrsanlagen bis hin zum Bildungswesen und zur Wissenschaftsförderung. Er übernahm auch wesentliche (und wachsende) Elemente der Daseinsvorsorge, die zuvor in den Kompetenzbereich der Gemeinden oder der Familien gehört hatten, von der

5 Robert H. Frank & Philip J. Cook: *The Winner-Take-All Society*, New York 1995

6 Elinor Ostrom: *Governing the Commons. The Evolution of Institutions for Collective Action*, Cambridge 1990

7 Garrett Hardin: »The Tragedy of the Commons«, in: *Science* 162, 1968, S. 1243–1248

Gesundheitsfürsorge durch öffentliche Krankenkassen, über die Rentenversicherung bis hin zur Armenpflege bzw. zur Vergabe von Sozialleistungen. Auf diese Weise wurde ein lebenslanger Anspruch auf ein Mindesteinkommen geschaffen, das der Nationalstaat auf der Basis fiskalischer Umverteilung finanzierte. Das implizite Kernproblem, das sich in diesem Kontext stellte, lautete: Wer kann Leistungsempfänger sein? Und die Antwort war einfach: Jeder Angehörige (oder »Bürger«) des Sozialstaats qua Nationalstaat, was dann pragmatisch auf alle Menschen ausgeweitet wurde, die sich legal auf dem Staatsgebiet aufhielten.

Diese Struktur ist durch die Globalisierung prinzipiell ins Wanken geraten, da sich immer mehr ökonomische Leistungen von der Bindung an einen bestimmten nationalstaatlichen Raum emanzipieren. Was dies bedeutet, läßt sich leicht am Prinzip der Altersversorgung durch einen »Generationenvertrag« demonstrieren, die eben auf der Grundlage einer Umverteilung zwischen verschiedenen Generationen desselben Volkes beruht.

Die Ausgangsposition war die bäuerlich-gemeindliche Welt, in der zunächst die »Familien«, d.h. im wesentlichen die bäuerlichen oder Handwerksbetriebe, für die Altersversorgung ihrer Mitglieder zuständig waren, während die Gemeinden nur dann subsidiär herangezogen wurden, wenn eine Familie nicht in der Lage war, ihre Alten zu versorgen (etwa, weil sie selbst zu arm war oder nicht mehr existierte). Im Zuge der Industrialisierung verschwand die Familie als Produktions- und Konsumeinheit, und an ihre Stelle trat das Prinzip der Lohnarbeit (in fremden Betrieben), wobei das Problem der Altersversorgung nur noch theoretisch durch längerfristiges Sparen hätte gelöst werden können. Im proletarischen Kontext war dies nicht zu erwarten, so daß zunehmend betriebliche, dann aber staatliche Formen der Altersversorgung aufgebaut wurden.

Die Altersversorgung nach dem Prinzip des Generationenvertrags funktioniert grundsätzlich wie eine erweiterte Familie: Jedes Familienmitglied bzw. jeder Bürger des einzelnen Staats gibt einen Teil seines aktuellen Einkommens ab, wovon die älteren, arbeitsunfähig gewordenen Mitglieder der Familie ernährt werden. Im bäuerlich-handwerklichen Kontext der traditionellen Selbständigkeit geschah dies auf naturaler

Basis. Was die Familie erwirbt, wird kollektiv in der Familie verzehrt, wobei diejenigen, die noch nicht (Kinder) oder nicht mehr (Alte) leistungsfähig sind, von denen ernährt werden, die dazu in der Lage sind. Die Definition des Personenkreises, der in den Genuß dieser Leistungen kam, war einfach: Es waren die Familienangehörigen. Der Sozialstaat weitete dieses Muster quantitativ auf alle lohnabhängigen Bürger des jeweiligen Staates aus: Sie zahlten »Sozialbeiträge«, von denen die Alten ernährt wurden, und sie erwarben dadurch die Anwartschaft auf künftige Leistungen, wenn sie das Rentenalter erreicht hatten.

Ein solcher »Generationenvertrag« setzt aber nicht nur voraus, daß jede künftige Generation leistungsstark genug ist, die älteren Angehörigen der Vorgängergeneration zu unterhalten – viel elementarer ist die Voraussetzung, daß es eine intergenerationelle Kontinuität von Leistungsempfängern und Leistungserbringern innerhalb einer bestimmten »Gesellschaft« gibt. Durch Mobilitätsprozesse wird diese Kontinuität jedoch unterbrochen. Wenn die Arbeitsmärkte internationalisiert werden, arbeiten immer mehr Kinder in anderen Ländern als ihre Eltern, die vom Umlagesystem ernährt werden sollen. Es stehen also durch quantitative und qualitative Vorgänge immer weniger bzw. andere Personen zur Verfügung, die die Kontinuität dieses Systems gewährleisten könnten.

Den eigentlichen Todesstoß erhält der Sozialstaat jedoch durch die Massenimmigration unqualifizierter Menschen, die in den National-Sozial-Staaten ihr Glück suchen. Für die komplexe Anforderungen stellenden Arbeitsmärkte sind sie fast alle untauglich, und es würde mehrere Generationen dauern, bis sie akkulturiert bzw. assimiliert sind. Also werden sie vom Sozialsystem alimentiert, und zwar in enorm wachsender Zahl. Dies bringt jedoch die Sozialsysteme aus dem Gleichgewicht. Konstruiert wurden sie, um Personen zu unterstützen, die dazu selbst nicht in der Lage waren, also Kranke, Behinderte, Alte, Arbeitsunfähige. Deren Zahl konnte aber in einer gegebenen Gesellschaft nicht beliebig wachsen, auch wenn das System schon immer Anreize für parasitäre Mißbräuche schuf. Durch ungesteuerte Immigration wird es aber irgendwann überfordert, denn diese besitzt keine natürliche Obergrenze, die nicht jenseits dessen läge, was national verkraftet werden kann.

Die Immigration steigert also die Ansprüche an den Sozialstaat. Eine ökonomisch rationale Reaktion darauf wäre, die Leistungen des Sozialstaats in dem Maße zurückzuschrauben, wie sie angefordert werden. Dies hätte zweierlei Effekte:

- Es würden weniger Immigranten angelockt.
- Die Kostendynamik würde verringert.

Allerdings entstünde jetzt das Problem, daß diese Reduktion des Sozialstaats zu Lasten der eigenen Staatsangehörigen ginge, die sich in der »sozialdemokratischen« Ära an eine staatliche Rundumversorgung gewöhnt haben. Der Abbau des Sozialstaats stieße daher auf Widerstände derer, die (real oder imaginiert) davon betroffen wären, und dies wäre vermutlich die Mehrheit der Bevölkerung. Im politischen Kontext der Demokratie kann aber nicht gegen die Leistungsempfänger regiert werden. Daher schlägt jetzt die Stunde der Demagogen, und man versucht, Zeit zu gewinnen, indem man die Leistungen des Sozialstaats ausweitet.

Die deutschen Sozialleistungen betrugen 1991 395,5 Milliarden Euro. Bis 2015 sind sie auf 888,2 Milliarden Euro gestiegen, haben sich also mehr als verdoppelt. Die Sozialleistungen sind in den letzten 25 Jahren mit einer höheren Rate als das Wirtschaftswachstum gestiegen, d. h. ihr Anteil an der Wirtschaftsleistung (von heute ca. 3 Billionen) hat zugenommen und nimmt weiter zu. Dies ist natürlich auf Dauer nicht möglich, so daß man zu Abgabenerhöhungen oder zu steigender Staatsverschuldung greifen muß. Das Problem als solches kann dadurch nicht gelöst werden, da es unlösbar ist. Die führenden Politiker gewinnen aber Zeit, die sie jedoch nicht zur Problemlösung nutzen, sondern was ihnen lediglich dazu dient, länger an der Macht bleiben zu können. Die Fallhöhe des Sozialstaats wird dadurch jedoch vergrößert, d. h. die absehbare Krise wird schärfer, wenn auch vielleicht zeitlich entfernter.

Der Zusammenbruch des Sozialstaats ist dadurch jedoch nicht zu vermeiden. Er wird beschleunigt, wenn die immer geringer werdende Zahl der belastbaren Leistungsträger sich durch Abwanderung verkleinert. Es wird irgendwann deutlich werden, daß eine Welt von *no borders, no nations* zugleich auch eine Welt von *no welfare* sein muß. Am logischen Ende dieses Prozesses steht eine institutionelle Ordnung, die auf sozialstaatliche Leistungen ganz verzichtet und sich darauf beschränkt, rechtsstaatliche Prinzipien durchzusetzen. Allerdings werden die Proteste gegen den Abbau des Sozialstaats vielleicht so heftig sein, daß es zu einer völligen Chaotisierung kommt. Verlockend ist etwa die Konfiskation der Vermögen der »Reichen« zwecks Umverteilung, d. h. de facto die Verwandlung von Kapital in Konsumgüter. Dies kann man natürlich nur einmal machen, und am Ende steht die allgemeine Armut. Dennoch scheinen die Eisenbarth-Rezepte des Chavismus immer wieder ihre Anhänger zu finden. Dies kann dazu führen, daß am Ende der Nationalstaat nicht nur als Sozialstaat, sondern auch als Rechtsstaat verschwindet. Die multitribale Gesellschaft wird vielleicht durch eine solche boom-and-bust-Strategie vorbereitet.

3. RATIONALITÄT DES PROTESTS GEGEN IMMIGRATION

Das Kernproblem der Globalisierung liegt in der internationalen Mobilität von (potentiellen) Arbeitskräften. Man könnte sich einen reinen Rechtsstaat denken, der sich nicht als Sozialstaat ausprägt. Das hatten wir etwa in den USA im 19. Jahrhundert vor uns. Dieser reine Rechtsstaat verlangt, daß die Menschen sich an seine Gesetze halten, und er versucht, dies auch mit aller Konsequenz durchzusetzen. Eine darüber hinausgehende »Daseinsvorsorge« betreibt er aber nicht. Er läßt Einwanderung zu, begrüßt sie sogar, doch denkt er nicht daran, den Einwanderern materielle Unterstützung und »Integrationshilfe« zu geben. Dies überläßt er den Einwanderern selbst bzw. mildtätigen Zeitgenossen. Dieser Typus von Staat kann daher eine sehr weitgehende Mobilität von Arbeitskräften zulassen, da dies für ihn nur mit den Kosten des *law enforcement* verbunden ist. Ein Sozialstaat dagegen steht hier vor einem Problem. Vielleicht liegt die Lösung längerfristig in der Re-Transformation des Sozialstaats in einen reinen Rechtsstaat? Eine Fortsetzung des Sozialstaats bei gleichzeitiger Massenimmigration ist dagegen selbstzerstörerisch.

Die industriellen Zielländer der Migration haben im Laufe ihrer Geschichte soziale Sicherungssysteme aufgebaut, die im Zuge der

Globalisierung universalistisch, nicht mehr nationalistisch legitimiert werden. Es gehört in den Wohlstandszonen zum Wohlgefühl ihrer Bewohner, großzügig und human zu sein, den »armen Flüchtlingen« zu helfen und den eigenen Reichtum zu »teilen«. Daher wird es möglich, daß der Widerstand gegen die Zuwanderung recht gering bleibt oder fast fehlt. In anderen Ländern gibt es jedoch heftige Widerstände. Die Zielländer der Migration befinden sich in einer ernsthaften neuen Situation, in der sie verschiedene Strategien ausprobieren können. Allerdings müßten sie, wenn sie dies systematisch tun wollten, zunächst die Struktur des Problems erkennen, die keineswegs einfach und eindeutig ist. Es handelt sich letztlich um nichts Geringeres als die mögliche Aufrechterhaltung des Sozial- und Rechtsstaats.

Es könnte sich ein Kontinuum von Positionen bilden, das wie folgt strukturiert ist:

1. totale Abschottung: Japan, vermutlich auch China. Hier setzt man eher darauf, das Problem einer stagnierenden, wenn nicht schrumpfenden Bevölkerung autochthon zu lösen, als sich mit den Risiken einer Zerstörung von kulturellem Kapital zu belasten. Eine solche Politik wird allerdings moralisch mit schlechtem Gewissen vollzogen und ist begleitet von Kollateralschäden beim Freihandel, freiem Warenverkehr und Freizügigkeit für erwünschte Ausländer.

2. selektive Zuwanderung: Kanada, Australien, Neuseeland, vermutlich USA. Hier will man das demographische Problem auf dem Arbeitsmarkt durch selektive Zulassung von Migranten entschärfen. Der Erfolg ist ungewiß, und es kommt darauf an, in welchem Umfang die Zuwanderung stattfindet und ob sie gering genug ist, um kulturelle Assimilation zu ermöglichen.

3. unbeschränkte Zuwanderung: heute vor allem Deutschland und andere Teile Europas. Dies ist eine hochriskante, geradezu abenteuerliche Politik, die in die soziale Katastrophe führen kann. Aber wie dies ausgeht, weiß man natürlich erst im nachhinein.

Auf jeden Fall wird deutlich, daß es Reaktionsalternativen gibt, das Problem also keineswegs »alternativlos« ist, sondern es sich um einen offenen evolutionären Prozeß mit ungewissem Ausgang handelt. Die radikalliberale Politik einer unbeschränkten Einwanderung, also die Anwendung des Freihandelsprinzips auf den Arbeitsmarkt, wird erstaunlicherweise von einem Land betrieben, in dem der Sozialstaat hoch im Kurs steht und »neoliberal« als Schimpfwort gilt. Hier liegt natürlich eine unverstandene Paradoxie: Man kann die Märkte nach außen wie nach innen liberalisieren, doch kann man nicht im Innern hohe Sozialstaatsstandards aufbauen und zugleich die Grenzen öffnen. Man handelt dann wie der Bewohner eines gutgeheizten Hauses, der im Winter Fenster und Türen weit öffnet. Wenn das zur Abkühlung führt, dreht er eben die Heizung weiter auf. Man braucht kein Energieexperte zu sein, um zu erkennen, daß dies auf Dauer nicht geht.

Der Protest gegen die Massenimmigration von Analphabeten in die Industrieländer hat mehrere Aspekte, die keineswegs »dumpf« oder »irrational« sind, sondern denen eine differenziertere ökonomische und soziale Logik zugrunde liegt.

1. Wendung der prospektiven Globalisierungsverlierer gegen den Verlust ihrer bisherigen Bürgerschaftsrente, sei es in Form höherer Löhne, sei es als Leistung des Sozialstaats. Hier handelt es sich also um die klassische »konservative« Abwehr eines ökonomischen Nivellierungsprozesses, wie sie der befreite (Arbeits-)Markt mit sich bringt. Die Forderungen richten sich hier auf relative Autarkie, Protektionismus und Verteidigung des exklusiven sozialstaatlichen Leistungsniveaus. Der Kern dieser Forderungen besteht in der Erhaltung des National-Staats qua Sozial-Staat, beruhend auf einer umzäunten National-Ökonomie – also im Grunde die klassischen Forderungen des nationalen Sozialismus. Diese Forderungen finden sich in den meisten europäischen Ländern und werden von (links- oder rechts-)»populistischen« Bewegungen artikuliert. Auch in den USA gibt es eine entsprechende Position, die etwa von Donald Trump vertreten wird. Implizit ist sie auch in der Wendung Japans gegen jegliche Immigration enthalten.

2. Wendung der Angehörigen des (bisher) dominanten Volkes gegen die Überfremdung und kulturelle Marginalisierung. Die »Völker«, die

eben noch auf eigenem Grund im eigenen Land gelebt haben, sollen sich in »Bevölkerungen« transformieren, die nichts mehr an ihre Traditionen bindet. Dies wird als Bedrohung der Identität gesehen, und dagegen erhebt sich Protest. Das einst recht homogene Volk soll sich in einen Stamm unter Stämmen verwandeln, also etwa in »Deutschländer«, die neben »Deutschtürken« oder »Deutschsyriern« leben. Das indigene Volk protestiert dagegen, aber eben dieser Protest kann als Katalysator für die Konstituierung einer multitribalen Ordnung wirken. Dieser Protest ist nicht mehr »sozial« im alten Sinne, und er kann auch nicht mehr nach dem alten Links-rechts-Schema gedeutet werden. Er hat vielmehr rein kulturellen Charakter.

Die Globalisierung und die mit ihr verbundenen Mobilisierungen von Waren, Kapital, Informationen oder Dienstleistungen ist vermutlich ein Prozeß, der nicht prinzipiell sistiert werden kann. Eine Bildung autarker Großraumordnungen war schon im 20. Jahrhundert illusionär und ist (allerdings aufgrund von militärischem Druck) gescheitert. Die Globalisierung kann vermutlich nicht aufgehalten, geschweige denn rückgängig gemacht werden. Allerdings würde man von einer verantwortlichen Politik erwarten, daß sie gerade in den kritischen Zonen verzögernd, nicht aber beschleunigend wirkt.

In dieser Situation gibt es aber erstaunlicherweise in den westlichen Ländern politisch maßgebliche Kräfte, die für eine unbeschränkte Immigration in die Wohlstandszonen eintreten. Es ist nicht völlig klar, was deren Motive sind. Die Vermutungen reichen von schlichten Irrtümern, gesinnungsethischen Aufladungen bis hin zu einer geheimen Agenda der Zerstörung der ethnisch-kulturellen Identität der Völker in den Wohlstandszonen mit der Hoffnung, dadurch eine technokratische Zentralisierung erleichtern zu können.

NARRATIVE ZUR LEGITIMATION

Betrachten wir einmal die in diesem Kontext vorgetragenen Narrative etwas näher, die einer Legitimation der Massenimmigration dienen sollen. Es ist unsicher, ob und wie weit diese Narrative zum Nominalwert zu nehmen sind oder ob es sich um eine bewußte Camouflage handelt. Zweifellos gibt es Menschen, die das eine oder andere Argument für bare Münze nehmen und mit den eigentlichen Motiven der Politiker gleichsetzen. Andererseits gibt es auch Begriffsstrategen und politische Marketingspezialisten, die die eine oder andere Geschichte in die Welt setzen, da diese gut klingt. Ein geniales Manöver war etwa die Erfindung des Begriffs »Ausländerfeinde«, die in den frühen 1990er Jahren verortet ist. Es soll also tatsächlich Menschen geben, die etwas gegen Ausländer als Ausländer haben. Sie verabscheuen also niederländische Touristen, amerikanische Gastprofessoren, japanische Stipendiaten oder chinesische Geschäftsleute! Und diese »Ausländerfeinde« sind so zahlreich, daß man politisch vor ihnen warnen muß. Ein wirklich preiswürdiges Konzept: Man setzt die Wendung gegen illegale Immigranten mit einer Wendung gegen »Ausländer« gleich, und da letzteres vollkommen absurd ist, soll diese Absurdität auch auf die Abwehr der Immigranten zurückfallen. Man kann nur sagen: Chapeau!

1. DAS FLÜCHTLINGS-NARRATIV

Hier geht man von der Behauptung aus, bei den Immigranten handele es sich um Flüchtlinge aus Kriegsgebieten oder um politisch Unterdrückte (»Asylanten«), die in den Wohlstandszonen Sicherheit vor Verfolgung suchen. Dieses Flüchtlingsnarrativ hat den Vorzug, direkt an humanitäre Helferinstinkte appellieren zu können: »Wir müssen etwas für diese armen Menschen tun, die vor Krieg und Unterdrückung flüchten.« Diesem Appell an das Mitgefühl können sich viele Zeitgenossen nicht entziehen. Es gehört zum Wohlgefühl in den reichen Ländern, auch ein gutes Gewissen zu haben und sich dem Ruf nach Hilfe nicht zu verschließen. Diese naiven Gefühle werden von den Machthabern in Politik und Medien instrumentalisiert, um die (natürlichen)

Widerstände im Volk gegen die Massenimmigration zu ersticken und zugleich diejenigen, die Bedenken gegen diese Politik äußern, als egoistische Unmenschen zu diskreditieren (»Nazis«, »Rassisten«, »Dunkeldeutschland«, »Pack« etc).

Die Einwände gegen dieses Narrativ gehen dahin, daß man realen »Flüchtlingen« besser helfen könnte, wenn man sie in der Nähe ihrer Heimat unterstützte. Es gibt ja tatsächlich Bürgerkriegsgebiete, und es existieren tatsächlich Menschen, die aus ihnen fliehen. Bei den aktuellen Migranten dürfte etwa ein Drittel der Menschen, die in die Wohlstandszonen strömen, Flüchtlinge sein. Wie würde man ihnen aber am besten, am effizientesten und am kostengünstigsten helfen?

Der beste Weg dafür wäre die Einrichtung von Flüchtlingslagern in unmittelbarer Nachbarschaft der Krisengebiete. Dies drückte etwa der Entwicklungshilfeminister Gerd Müller in einem Interview im Juli 2016 deutlich aus: »Ein Dollar in Dohuk im Irak eingesetzt, hat die dreißigfache Wirkung wie ein in München eingesetzter Dollar.«[8] Dies gilt jedenfalls dann, wenn die angestrebte »Wirkung« darin besteht, »Flüchtlingen zu helfen«.

Man müßte dazu die Regierungen in den Nachbarländern beeinflussen, man müßte ihnen finanzielle und materielle Hilfe zur Verfügung stellen, damit eine humane Versorgung der Flüchtlinge möglich wäre. Zugleich müßte man die Flüchtlinge auf eine baldige Rückkehr in ihre Heimat vorbereiten und ihnen beim Wiederaufbau der zerstörten Siedlungen und Infrastrukturen helfen. Zu diesem Zweck müßte man nicht nur für eine humane Versorgung der Flüchtlinge mit Unterkunft, Verpflegung und medizinischer Hilfe sorgen, sondern man müßte auch Ausbildungszentren für die Rückkehrer einrichten.

Einem Vorschlag von Paul Collier folgend könnte man auch denjenigen Flüchtlingen, die erfolgreich eine Ausbildung absolviert haben, in Aussicht stellen, mit einer bestimmten Quote nach Europa immigrieren zu dürfen. Dies hätte mehrere Vorteile. Für die Flüchtlinge böte es eine starke Motivation, eine Ausbildung im Flüchtlingslager erfolgreich abzuschließen, da sie dann hoffen könnten, daß vielleicht die 10 % Besten nach Europa auswandern dürften. Aber auch für die 90 %, die zurückbleiben müßten, hätte dies zumindest den Effekt, daß sie nun besser ausgebildet wären und damit in ihrer Heimat erfolgreicher arbeiten könnten.

Dies alles würde, wenn es in der Nachbarschaft der Krisengebiete stattfände, nur einen Bruchteil dessen kosten, was in den Zielländern der Migration für »Integration« aufgebracht werden muß. Allein die selbstverständlich erscheinende Kopplung von »Hilfe« und »Integration« muß aber mißtrauisch machen. Weshalb soll man Flüchtlinge integrieren? Wenn es sich tatsächlich um Flüchtlinge handelt, wären sie ja darauf orientiert, nach Wegfall der Fluchtgründe in ihre Heimat zurückzukehren. Die direkte Verbindung von Hilfe und Integration läßt vielmehr darauf schließen, daß diejenigen, die dafür verantwortlich sind, keineswegs nur »Flüchtlingen helfen« wollen, sondern andere Ziele damit verfolgen. Ihnen geht es nicht darum, fremden Menschen zu helfen, sondern sie verfolgen aus unterschiedlichen Gründen das Ziel, die Massenimmigration zu fördern.

Wir müssen hier aktuell noch immer weitverbreitete Heilslehren berücksichtigen, die das Flüchtlings-Narrativ in der Öffentlichkeit plausibel machen. Der »Flüchtling« aus der Dritten Welt hat in den letzten Jahren den »Proletarier« als Heilsfigur der Linken ersetzt. Beide Konstrukte tragen aber vergleichbare wahnhafte Züge. Der reale Arbeiter wollte keineswegs die »Revolution« als eschatologische Erneuerung der Welt, sondern er wollte ein anerkanntes Mitglied der bürgerlichen Gesellschaft werden, die ihn mit einem »Arbeitsplatz« versorgte und seine Lebensrisiken durch den Sozialstaat absicherte. Für die eschatologische Linke war dies ein Verrat an ihren Prinzipien (»Wer hat uns verraten …?«), so daß sie selbst die Sache als »Avantgarde« der Arbeiterklasse in die Hand nehmen mußte, mit den bekannten Folgen einer Kombination von Inkompetenz und Terror.

In der zweiten Hälfte des 20. Jahrhunderts verschmolz das »Proletariat« als Geschichtssubjekt zunehmend mit den »unterdrückten Völkern«, wie sie sich der linke Anti-Imperialismus im Sinne eines umfassenden Ausbeutungszusammenhangs zurechtlegte. Dieses Muster konnte noch eine gewisse Zeit mit den alten (marxistisch-leninistischen)

8 https://www.bmz.de/de/presse/interviews/mueller/2016/juli/160711_interview_passauer.html

geschichtsphilosophischen Kategorien ausformuliert werden, und auch reale »Befreiungsbewegungen«, etwa in Palästina, deuteten sich selbst in diesen Begriffen. Nach dem Zusammenbruch des Sowjetimperiums fand aber eine rasche Akzentverlagerung statt. Die (etwa palästinensischen) »anti-imperialistischen« Protestbewegungen definierten sich nun selbst nicht mehr als Pseudo-Proletarier in marxistischen Begriffen, sondern als Vertreter des vom »Westen« bedrohten wahren Glaubens in religiös-kulturellem Sinn. Von der Linken dagegen wurden die Verdammten dieser Erde zunehmend als schutzbedürftige Flüchtlinge wahrgenommen, als eine neue globale Unterschicht, der allerdings kein eigener Charakter als potentielles Geschichtssubjekt mehr zugerechnet wurde, sondern die nur noch passiv-leidend waren, Objekte der Fürsorge von Asylinitiativen. Die Hinwendung zu den »armen Flüchtlingen« trat von vornherein in leninistisch-paternalistischer Gestalt auf. Die Flüchtlinge mußten geschützt werden, etwa vor einem harten Staat, der sie abschieben will. Hieraus folgen neue utopische Parolen: »niemand ist illegal«, »alle sind gleich«, »refugees welcome« etc. Was immer die Flüchtlinge sind – der Status eines Subjekts der Geschichte kann ihnen nicht zugerechnet werden. Diesen behalten sich ihre Sprecher selbst vor.

Ist der Jubel über die Massenimmigration von Muslimen nach Deutschland die geheime Rache der Linken für den Zusammenbruch des Sozialismus? Islamisten und Linke haben ja ein gemeinsames Feindbild: Amerika, Israel, den »Westen«. Diese Feinde der Linken sollen den Kalten Krieg gewonnen haben? Da importiert man lieber Hunderttausende von Dschihadisten in der Hoffnung, daß diese dem verhaßten Westen den Garaus machen werden. Ist der islamistische Scharia-Staat, der daraus resultieren wird, aber tatsächlich das Ziel der Linken? Oder hoffen sie in ihrer unendlichen Geschichtsblindheit, sie könnten die Dschihadisten gegen den gemeinsamen Feind, den Westen, den Imperialismus, den Neo-Liberalismus instrumentalisieren, um aus den Trümmern der alten Gesellschaft schließlich die sozialistische Weltrepublik aufsteigen zu lassen? Was sie dabei übersehen, ist die Tatsache, daß die Dschihadisten stärker sein werden als sie selbst – so wie die »wahren« Sozialisten und Anarchisten sich nach 1917 bald im Gulag wiederfanden, werden auch sie bald Bekanntschaft mit dem Säbel des Dschihad machen.

Irgendwann wird erkennbar werden, daß die »Flüchtlinge« nicht nur passiv-leidende und fürsorgebedürftige Opfer sind, sondern daß sie eine eigene kulturelle Identität besitzen, die keineswegs mit derjenigen ihrer Betreuer übereinstimmt, sondern quer zu den eschatologischen Phantasien der Linken steht. Jetzt könnten die Linken eine zweite historische Enttäuschung erleben. Der islamistische Terrorist, der Dschihadist, der Salafist – das sind keine Heilsfiguren mehr, sondern Verräter an der humanen Sache – so wie einst die gewerkschaftlich organisierte »Arbeiteraristokratie« und die sozialfaschistischen Sozialdemokraten die Revolution verraten haben. Bei genauerem Hinsehen könnten die Linken auf einmal ernüchternde Merkmale beim Flüchtling entdecken: Frauenfeindlichkeit, Homophobie, autoritäres Gehabe, Gewaltbereitschaft, Verweigerung von Mülltrennung und Energieeinsparung – kurz, er verwandelt sich in einen »faschistischen« Reaktionär, von dem kein Heilsversprechen mehr ausgeht.[9] In den 1990er Jahren konnte man noch lesen: »Liebe Ausländer, laßt uns nicht mit den Deutschen allein.« Die eschatologische Linke muß jetzt allmählich wieder selbst die Rolle des Heilsbringers übernehmen, vor allem im negativen Sinn, als Kampf gegen den Neo-Faschismus oder den Neo-Liberalismus.

Angenommen, es wären im Sommer des Jahres 2015 Millionen von Flüchtlingen aus der Ukraine nach Deutschland gekommen. Hätte es dann auch die Bahnhofklatscher und die Willkommenskultur gegeben? Vermutlich nicht. Die »Flüchtlinge« mußten vielmehr als die schlechthin Anderen konstruiert werden, nur dies machte es möglich, sie als »Verfolgte« zu idealisieren. Je exotischer, desto willkommener – und exotisch sind eben Menschen aus dem Nahen Osten, aus Pakistan oder aus Afrika. Hier konnte die alte deutsche Italien- und Griechenlandschwärmerei weiter nach Süden ausgedehnt werden. Der Nordosten dagegen ist öde, davon hat noch niemand geschwärmt.

Oliver Jens Schmitt, dem wir diese Einsicht verdanken, sieht darin eine Möglichkeit für die deutsche romantische Phantasie, an ältere Kulturkonstrukte anzudocken. Bemerkenswert ist daran, daß die ukrainischen

9 Unter Maoisten findet sich diese Position schon heute: https://www.rf-news.de/2016/kw30/faschistische-attacken-in-ansbach-und-reutlingen

Einwanderer viel leichter zu intergrieren gewesen wären als diejenigen aus dem afrikanisch-arabischen Raum, die als edle Wilde idealisiert werden konnten. Der Bulgare Iwan Krastew meint dazu trocken: »Mit den Muslimen kann man Mitgefühl zeigen, gerade weil sie anders sind als wir – und auf diese Weise moralische Überlegenheit demonstrieren.«[10] Er weist darauf hin, daß man in Südosteuropa das Beispiel der Zigeuner vor sich hat, die sich seit Jahrhunderten nicht »integrieren« lassen. Die Zuwanderer aus dem Nahen Osten erinnern die Südosteuropäer an die Zigeuner – und damit entfällt jede Möglichkeit der Idealisierung.

2. DAS DEMOGRAPHISCHE NARRATIV

Hier geht man von der Beobachtung aus, daß besonders Deutschland vor einem demographischen Problem zu stehen scheint, da die Lebenserwartung steigt, weniger Kinder geboren werden und als Folge die Gesamtbevölkerung altert und schrumpft. Von 2000 bis 2015 ist die Bevölkerung von Großbritannien um 10,2 % gewachsen, die von Frankreich um 9,8 %, die von Italien um 6,9 %, die der EU um 4,4 %. Die Bevölkerung Deutschlands ist in diesem Zeitraum um 1,2 % zurückgegangen. In rein quantitativer Hinsicht nimmt der demographische Anteil Deutschlands in Europa also ab, und dies ist eine so einfache Einsicht, daß sie jedem Politiker einleuchten kann. Wer davon träumt, zum Hegemon in Europa zu werden, der wird sicherlich beunruhigt aufwachen, wenn er erfährt, daß Deutschland auf mittlere Sicht nicht unbedingt das bevölkerungsreichste Land Europas sein wird.

Qualitative Zusammenhänge sind im Gegensatz zu solchen einfachen Wahrheiten immer komplex, nicht eindeutig, interpretationsbedürftig und schwierig, also politisch kaum instrumentalisierbar. Daher müssen Vereinfacher kommen, um auch hier eine eindeutige Geschichte erzählen zu können. Auf demographischem Gebiet lautet sie: Wenn die Bevölkerung Deutschlands aufgrund der geringen Geburtenzahlen zurückgeht, muß dem eben durch eine Förderung der Immigration abgeholfen werden. Schließlich gibt es ja genügend Menschen auf der

Welt. Durch Immigration läßt sich einerseits die Bevölkerungsgröße stabilisieren und zugleich die Bevölkerungsstruktur im Sinne einer Verjüngung verbessern.

Die (meistens stillschweigende) Voraussetzung dessen ist die Vorstellung, die »natürliche« Form des Bevölkerungsaufbaus sei die »Bevölkerungspyramide«. Nun lehrt schon eine kurze Betrachtung, daß dies Unsinn ist. Zunächst einmal ist eine Pyramide ein dreidimensionaler Körper, während die Bevölkerung als eine zweidimensionale Figur dargestellt wird. Eine »Bevölkerungspyramide« kann es schon aus geometrischen Gründen nicht geben. Gemeint ist vielmehr eine Dreiecksstruktur: In der Mitte findet sich die Ordinate, auf der Alterskohorten (von 5 oder 10 Jahren) eingetragen sind, und die Abszisse gibt die jeweilige Menge an Personen an, wobei rechts die Frauen und links die Männer abgebildet werden. Diese Dreiecksfigur ist nun keineswegs »natürlich«, sondern man muß sich fragen, unter welchen Bedingungen sie auftritt. Schon eine einfache Überlegung zeigt, daß dies nur unter zwei (verschiedenen) Bedingungen der Fall sein kann:

1. Wenn die Sterblichkeit in jeder Alterskohorte gleich groß ist, sinkt die Anzahl der Menschen von Kohorte zu Kohorte, so daß wir eine große Basis und dann eine Verkürzung bis auf wenige Personen mit hohem Alter bekommen. Diese Bedingung ist im Regime der Infektionskrankheiten erfüllt, d. h. die Dreiecksstruktur zeigt den Bevölkerungsaufbau in (stationären) Agrargesellschaften.

2. Wenn die Sterblichkeit nicht in jeder Alterskohorte gleich groß ist, sondern zurückgeht, ist die Dreiecksform Ausdruck von Bevölkerungswachstum. Die Anzahl der Menschen wächst gewissermaßen von unten nach oben durch, wobei die Basis von Generation zu Generation größer wird. Dies ist natürlich auf Dauer nicht möglich, sondern Ergebnis eines vorübergehenden

10 http://www.faz.net/aktuell/feuilleton/debatten/iwan-krastew-und-oliver-jens-schmitt-zu-osteuropa-14250809-p3.html

historischen Übergangs, wie wir ihn in der Industrialisierungsphase beobachten können. Die Sterblichkeit sinkt wegen besserer Hygiene und höherem Lebensstandard, das Vermehrungsverhalten folgt dem aber nicht in gleichem Maße und im gleichen Zeitraum.

Unter heutigen zivilisatorischen Bedingungen ist also eine Dreiecksform nicht zu erwarten, da sie nicht »nachhaltig« ist (im Gegensatz zu der Bevölkerungsstruktur des Regimes der Infektionskrankheiten, die nachhaltig war). Eine reife Bevölkerungsstruktur unter den Bedingungen guter Hygiene und eines hohen materiellen Lebensstandards müßte sich der Figur eines Rechtecks nähern. Wenn alle Menschen das biologische Höchstalter erreichen und niemand zuvor stirbt, hätten wir ein Rechteck. Da dies natürlich niemals der Fall sein wird, da es immer auch frühere Todesfälle gibt, wird kein reines Rechteck erreicht, sondern eine Figur, die nach oben abgerundet ist.

Auf jeden Fall bedeutet dies, daß der Altersaufbau einer solchen Bevölkerung unter stationären Bedingungen völlig anders aussieht als unter den Bedingungen der Dreiecksform. Nehmen wir an, die durchschnittliche Lebenserwartung bei Geburt betrage 90 Jahre. Wenn dann 20 Jahre für die Ausbildung benötigt werden und man 25 Jahre als Rentner leben will, beträgt die Lebensarbeitszeit 45 Jahre, d.h. jeder Arbeitende muß einen Nicht-Arbeitenden ernähren, er kann also selbst maximal 50 % dessen konsumieren, was er erwirtschaftet. Dies ist völlig unvermeidlich, und es müßte jedem einleuchten, daß eine Rückkehr zur Dreiecksform längerfristig nicht möglich ist. Die wirkliche Herausforderung besteht vielmehr darin, Wege zu finden, wie man mit dieser Struktur zurechtkommt (nicht aber, diese unvermeidliche Anpassung möglichst weit in die Zukunft zu verschieben).

Die einzige Lösung des Problems liegt in einer Steigerung der Arbeitsproduktivität, wodurch die Menge bzw. Qualität materieller Güter bei gleichbleibendem Arbeitseinsatz zunimmt. Es sind ja letztlich materielle Güter, die konsumiert werden, und nicht Anteile menschlicher Arbeit! In Agrargesellschaften sind 80 % der Arbeitskräfte in der Landwirtschaft beschäftigt, d.h. man benötigt 80 Personen, um 100 Personen zu ernähren. In der heutigen Landwirtschaft ernährt eine

Arbeitskraft über 100 Personen, d.h. die Arbeitsproduktivität ist drastisch gestiegen, und auf eben diesen Effekt muß man auch im Rentensystem setzen.

Um die Arbeitsproduktivität zu steigern, sind aber technischer Fortschritt und hohe Qualifizierung der Arbeitskräfte erforderlich. Genau dies geschieht in den Industrieländern, wenn nicht die Politik aus Dummheit dazwischenpfuscht. Die Menschen tendieren dazu, immer weniger Kinder zu haben, diese aber immer besser auszubilden. Dies ist die spontan richtige Anpassung an die neue ökonomische Struktur, wie wir sie in zahlreichen zivilisierten Ländern finden, auch in Ostasien. In Deutschland betrug im Jahr 2015 die Geburtenanzahl pro Frau 1,44, in China 1,6, in Japan 1,4, in Südkorea 1,25. In der EU liegt der Mittelwert bei 1,6, in Rußland bei 1,8.

Bei einem Wert von 2,1 Kindern pro Frau befindet sich die Bevölkerung in einem stationären Zustand. Heute liegt dieser Wert in den meisten zivilisierten Ländern unter dem Gleichgewichtspunkt, und es mag sein, daß dies bei manchen Beobachtern zu einem Mißbehagen führt. Dies ist allerdings sehr kurzfristig gedacht. Wenn die Fertilitätsrate unter der Reproduktionsrate von 2,1 Kindern pro Frau liegt, so ist dies lediglich Ausdruck der Anpassung an die (im universalgeschichtlichen Sinne) neue Demographiestruktur: Die Menschen leben länger, und es ist physisch-ökologisch unmöglich, daß die Weltbevölkerung uferlos wächst. Wenn heute in den entwickelten und zivilisierten Ländern die Geburtenrate unter die Reproduktionsrate sinkt, ist dies ein zu begrüßender Effekt, der es diesen Ländern ermöglicht, sich demographisch auf eine K-Strategie einzustellen: wenige Kinder, die aber gut ausgebildet sind. Auch wenn die Menschen weniger Kinder in die Welt setzen, als zur Aufrechterhaltung einer gegebenen Populationsgröße erforderlich ist, ist dies kein Nachteil, denn eine kleinere, hochqualifizierte Bevölkerung kann die ökonomische Anpassung an die Automatisierung etc. besser meistern als ein übervölkertes Land.

Hinzu kommt ein weiterer Effekt. Warum setzen die Menschen heute in Deutschland weniger Kinder in die Welt als vor 100 Jahren? Dies liegt, ökonomisch ausgedrückt, daran, daß die Opportunitätskosten von Kindern drastisch gestiegen sind. Sollten aber infolge von Bevölkerungsrückgang die Opportunitätskosten der Kinder ebenfalls sinken, wäre mit einer Stabilisierung zu rechnen. Die aktuelle Fertilitätsrate ist daher nicht in Stein gemeißelt. Die zivilisierten Bevölkerungen sind aufgrund ihrer niedrigen Geburtenzahlen daher nicht zum Untergang verurteilt, sondern es könnte sich um eine evolutionäre Methode handeln, sich auf die zu erwartende Anpassungskrise vorzubereiten.

Die Gesamtbevölkerung mag dann eine Zeitlang schrumpfen, aber erinnern wir uns, daß Deutschland um 1900 ca. 60 Millionen umfaßte, bei weit größerem Gebietsstand, und damals orakelte man schon von Volk ohne Raum. Um 1800 hatten wir (als »Volk der Dichter und Denker«) ca. 20 Millionen. Ein künftiger demographischer Rückgang auf vielleicht 60 Millionen innerhalb von 100 Jahren wäre alles andere als ein Unglück, im Gegenteil, dies würde die Anpassung der Gesellschaft an stationär werdende ökonomische Bedingungen erleichtern. Allerdings müßten diese 60 Millionen bereit sein, ihr Land gegen den Immigrationsdruck aus Asien und Afrika zu verteidigen, der unabhängig von der Bevölkerungsgröße Europas bestünde. Und wenn 80 Millionen dazu nicht in der Lage sind, warum sollten es dann 60 Millionen sein?

Die Weltbevölkerung steuert im 21. Jahrhundert auf 11 bis 12 Milliarden zu, das ist eine Übervölkerung um den Faktor 3 bis 4. Wenn wir in eine nachhaltige Situation gelangen wollen, müßte die Weltbevölkerung bei etwa 3 Milliarden stabilisiert werden, d. h. sie müßte vom heutigen Stand aus um ca. 50 % schrumpfen. Was in den zivilisierten Ländern in Ost und West heute geschieht, kann daher als Anpassung an diese neue Situation gedeutet werden. Nur in den Barbarengebieten (Afrika, muslimische Welt) findet diese Anpassung nicht statt. Die zivilisierten Länder müßten darauf reagieren, indem sie sich gegen die Invasion der Barbaren abschotten und verteidigen und diese im eigenen Saft schmoren lassen, um sie damit zur Anpassung zu motivieren. Das tun sie allerdings nicht, und ein Motiv dafür steckt in der demographischen Hysterie!

Und was macht nun die Politik? Vor allem die europäischen Länder meinen, einen Nachteil davon zu haben, wenn ihre Bevölkerung schrumpft, und handeln sich dafür den größeren Nachteil ein, aggressive, ansonsten aber inkompetente Barbaren einwandern zu lassen. Statt wie in Japan den Prozeß ablaufen zu lassen, der vermutlich von selbst irgendwann ins Gleichgewicht kommt, importieren sie Analphabeten aus aller Welt in der Meinung, die bloße Quantität von Menschen spiele eine positive Rolle für die wirtschaftliche Entwicklung. Das ist aber eine sehr vordergründige Annahme. Die Folgen der Massenimmigration werden in einer sinkenden Produktivität (aufgrund fehlender Qualifikation) und steigenden sozialstaatlichen Ausgaben liegen, so daß die indigene Folgegeneration nicht nur eine höhere Altenlast, sondern auch noch eine Migrantenlast zu tragen haben wird. Man verschärft also das Problem, statt es zu lösen!

Auch unter dem Aspekt der ökologischen Nachhaltigkeit ist die weitere Anfüllung ohnehin schon dichtbevölkerter Gebiete mit Immigranten ein sinnloser Akt. Der »Fußabdruck« eines Menschen ist in Europa größer als in Afrika. Die Immigration führt somit zu einer überproportionalen ökologischen Belastung, unabhängig davon, ob die Immigranten arbeiten oder eine Sozialstaatsrente beziehen.

Dieser Prozeß ist heute so weit fortgeschritten, daß der Untergang Europas, d. h. seine Islamisierung bzw. Afrikanisierung wahrscheinlich unvermeidlich ist. Ein barbarisches, d. h. islamisiertes/afrikanisiertes Europa kann aber die vertrauten zivilisatorischen Standards nicht aufrechterhalten. Es wird daher zu schweren Konflikten kommen, wenn der zivilisierte Teil der Bevölkerung nicht mehr in der Lage ist, die eingewanderten Barbarenstämme durchzufüttern, die glauben, ein Recht darauf zu haben.

Die Entwicklung insgesamt ist fatal: Je schwächer die zivilisierten Länder sind und je größer der Barbarenanteil in ihnen, desto schwieriger wird es, eine weitere Invasion zu unterbinden. In vielen Ländern Europas ist hier vermutlich der *point of no return* bereits überschritten. Ob Großbritannien sich nach dem Austritt aus der EU noch retten kann, bleibt eine interessante Frage. Der Untergang Europas wird aber nicht den Untergang der Zivilisation nach sich ziehen, im Gegenteil: Er wird als warnendes Beispiel dienen, das sich die zivilisierten Länder Ostasiens etc. zu Herzen nehmen können.

3. DAS ARBEITSMARKT- UND FACHKRÄFTEMANGEL-NARRATIV

Hier herrscht eine sehr einfache Erklärung vor, die an das demographische Narrativ anschließt: Die Geburtenzahlen in Deutschland sind niedrig, und es ist abzusehen, daß die Bevölkerung in den nächsten Jahren recht drastisch schrumpfen wird. Dies wird zu Rekrutierungsproblemen auf dem Arbeitsmarkt führen. Viele Firmen klagen schon über aktuellen oder drohenden Mangel an Facharbeitern. Schon seit Jahrzehnten wird darüber diskutiert, wie man darauf reagieren kann, ob man also etwa ein Einwanderungsgesetz benötigt, wie es andere Industrieländer, etwa Kanada oder Australien, besitzen. Diese Länder versuchen, aus dem großen Angebot von einwanderungswilligen Menschen diejenigen auszusuchen, die man auf dem nationalen Arbeitsmarkt brauchen kann.

Der Kern eines solchen Einwanderungsgesetzes liegt also in der Selektion: Man muß diejenigen auswählen, die man haben möchte, und diejenigen abweisen, die voraussichtlich nur eine Belastung darstellen werden. Selektion ist allerdings ein mühseliges und unpopuläres Konzept. Zudem gibt es in der Bevölkerung immer kulturelle Widerstände gegen jede Einwanderung. In der aktuellen Immigrationswelle von »Flüchtlingen« konnte man nun eine Chance entdecken, wie sich dieses Problem praktisch von selbst löst. Wenn man die Grenzen für alle »Verfolgten« öffnet, ist das schwierige Verfahren der Selektion vom Tisch. Man muß nicht mehr mühsam auswählen, wen man einwandern läßt, sondern man nimmt jeden auf, der kommt. Dies hat vor allem den Vorzug, daß durch das Flüchtlings-Narrativ Widerstände der Bevölkerung gegen Immigration gebrochen werden können. Man will ja nur helfen, und viele naive Menschen fallen auf dieses Mantra herein und helfen tatsächlich.

So wie Merkel nach dem Tsunami von Fukushima sofort und instinktiv den Atomausstieg verkündet hat, hat sie jetzt den Tsunami der Immigration zum Anlaß genommen, alle Dämme zu beseitigen, indem sie alle Einwanderer willkommen geheißen und sogar verkündet hat, es gebe keine Obergrenze. Das ist im Grunde sensationell. Als Physikerin (oder auch nur als Besitzerin eines gesunden Menschenverstands) müßte sie wissen, daß alles eine Obergrenze hat. Sie meint damit aber offenbar, daß jeder sich auf den Weg nach Deutschland machen soll, ohne befürchten zu müssen, daß er irgendwann eine Grenze erreicht und er abgewiesen wird. Der Bundeswirtschaftsminister hat schon davon gesprochen, daß man im Jahr rund 500.000 Personen aufnehmen will. Diese Zahl kann sich leicht verdoppeln. Dann wären es rund eine Million, eine Zahl, die bereits 2015 übertroffen wurde. Aber Merkels Satz, es gebe keine Grenze, hat die konkrete Bedeutung, daß diese Grenze bei sehr hohen Zahlen liegen wird. Hier rechnet man vielleicht mit 10 bis 20 Millionen Zuwanderern, so daß die Bevölkerung Deutschlands in 15 bis 20 Jahren bei rund 100 Millionen liegen dürfte. Natürlich gibt es eine Obergrenze. Die Bundesrepublik kann nicht ganz Afrika bei sich aufnehmen. Aber dieses Problem der finalen Begrenzung stellt sich erst, wenn Merkel nicht mehr im Amt ist, sie kann es also ignorieren.

Die chaotische Form der Zuwanderung hat den Effekt, daß die Behörden und Politiker auf der unteren Ebene, vor allem in den Gemeinden und den Ländern so sehr mit akuten Problemen zugeschüttet werden, daß sie keinen Spielraum mehr haben, darüber nachzudenken, was da eigentlich geschieht. Im Moment geht es darum, Fakten zu schaffen und den Prozeß irreversibel werden zu lassen – analog zur Energiewende. Da die Bundesregierung keine politische Opposition hat, die damit nicht einverstanden wäre, kann dies auf institutioneller Ebene leicht durchgezogen werden.

Ein Problem kann bei der Bevölkerung liegen. Hier wird zwar gemeckert und breitet sich Unbehagen aus, doch gibt es kaum Chancen zur politischen Artikulation, geschweige zu einem effektiven Widerstand. Wir haben hier eine Art Staatsstreich vor uns, der von niemandem bemerkt wird, obwohl er mit Rechtsbrüchen verbunden ist. Auffällig ist etwa, daß der Bundesjustizminister ein privates Unternehmen (facebook) zur Übernahme von Zensuraufgaben aufgerufen hat, ohne daß sich in der medialen Öffentlichkeit der geringste Protest erhoben hätte. Zur Zensur gehört eigentlich eine Definition dessen, was zu sagen verboten ist. Heute reicht ein vager Verdacht, und es wird offenbar gezielt eine Grauzone des potentiell Verbotenen geschaffen, mit dem Effekt, daß niemand weiß, ob er gegen ein Verbot verstößt und deshalb vorsichtshalber gleich ganz den Mund hält. Das elementare Grundrecht der Meinungsfreiheit wird dadurch konterkariert.

Die forcierte Immigrationspolitik stieß 2015 in der Wirtschaft und zum Teil auch unter Ökonomen (wie etwa Marcel Fratzscher vom DIW) auf Beifall. In der Wirtschaft rechnete man mit einer Zufuhr von Arbeitskräften, die in absehbarer Zukunft knapp zu werden drohen. Bekannt wurde die Aussage von Daimler-Chef Dieter Zetsche, die Aufnahme zahlreicher »Flüchtlinge« sei zwar ein Problem. »Aber im besten Fall kann es auch eine Grundlage für das nächste deutsche Wirtschaftswunder werden – so wie die Millionen von Gastarbeitern in den fünfziger und sechziger Jahren ganz wesentlich zum Aufschwung der Bundesrepublik beigetragen haben.« Die Menschen, die ihre Heimat verlassen haben, seien ja hoch mobil und motiviert. »Genau solche Menschen suchen wir bei Mercedes und überall in unserem Land.«[11]

In dieser Situation empfahl es sich jedem aufmerksamen Investor, seine Daimler-Aktien zu verkaufen, angesichts des strategischen Weitblicks des Firmenchefs. Inzwischen hat sich in der Wirtschaft Ernüchterung breitgemacht. Alle Dax-Konzerne zusammen haben bis Mitte 2016 gerade einmal 54 Migranten eingestellt. 70 % derer, die eine Ausbildung begonnen haben, haben sie nach ein paar Monaten wieder abgebrochen. Es wird immer deutlicher, daß die mentale Ausstattung von Analphabeten, die aus Tribalgesellschaften kommen, nicht mit ein paar Sprach- und Integrationskursen auf das Niveau eines avancierten Industrielands gebracht werden kann. Diese Menschen sind bestenfalls als Handlanger zu gebrauchen, doch gibt es in einem hochtechnologisierten Land wie Deutschland kaum noch solche Beschäftigungen, und es werden immer weniger.

Die Bundesregierung hat rechtzeitig einen Mindestlohn eingeführt, so daß es nicht zu einer Lohnkonkurrenz auf dem Sektor der Geringqualifizierten kommen wird. Statt dessen wird wohl die Arbeitslosigkeit unter den Immigranten steigen. Die Bundesarbeitsministerin geht schon davon aus, daß lediglich rund 10 % der Immigranten vermittelbar sind. Die restlichen 90 % müssen also von den Steuerzahlern finanziert werden – ein klassischer Fall von Privatisierung der Erträge und Sozialisierung der Kosten.

Schauen wir einmal die Kostendimension etwas näher an. Es gibt eine Reihe von Kosten-Szenarien, die alle in der Regel so primitiv sind, daß jeder, der die Grundrechenarten beherrscht, sich ein gleichwertiges Szenario basteln kann. Unterstellen wir einmal (mit dem IfW Kiel), daß pro Immigrant Kosten von 13.000 Euro pro Jahr auftreten. Diese Zahl muß man dann nur noch mit der Zahl der Zuwanderer, die man erwartet, multiplizieren. Im teuersten Szenario kommen bis 2020 jährlich 1 Million Migranten, wovon aber rund ein Drittel zurückkehrt. Dann kostet das 55 Milliarden im Jahr 2022, Tendenz natürlich steigend. Die optimistischen Szenarien gehen davon aus, daß weniger kommen und mehr zurückkehren, wodurch die Sache selbstverständlich billiger wird. An ein Szenario, wonach mehr kommen und weniger zurückkehren, hat natürlich keiner gedacht. Wenn aber 1 Million Zuwanderer im Jahr 13 Milliarden kosten, kosten 5 Millionen nach Adam Riese schon 65 Milliarden und 10 Millionen immerhin 130 Milliarden.

Aber einige werden wohl in den Arbeitsmarkt integriert werden. Wenn sie den Mindestlohn von 8,50 Euro verdienen, sind das im Monat knapp 1.500 Euro. Steuern zahlen sie davon nicht, wohl aber geringfügige Sozialabgaben. Wenn ein solcher syrischer Arbeiter eine Frau und 5 Kinder hat, kann man abschätzen, wie hoch allein die Krankheitskosten sind. Also verursacht auch derjenige, der einen Job findet, noch Kosten für die Allgemeinheit.

Überschlägig können wir die folgende Rechnung aufmachen: Wenn im Jahr eine Million Zuwanderer kommt und bleibt, sind dies in zehn Jahren zehn Millionen. Wenn jeder im Jahr 13.000 Euro kostet, sind dies 130 Milliarden Euro im zehnten Jahr. Nehmen wir an, nach 10 Jahren sind 20 % der Zuwanderer in der Lage, so viel zu verdienen, daß sie dem Sozialstaat keine Kosten mehr verursachen. Dann betragen die jährlichen Kosten im 10. Jahr 100 Milliarden, und die Gesamtkosten über 10 Jahre haben 565 Milliarden Euro betragen.

Wie gehen die Gewerkschaften, deren Mitglieder ja den Löwenanteil dieser Kosten übernehmen müssen, mit dieser Entwicklung um? Aufschlußreich ist ein Aufsatz, der gemeinsam vom Vorsitzenden des DGB

11 http://www.faz.net/aktuell/technik-motor/iaa/daimler-chef-zetsche-fluechtlinge-koennten-neues-wirtschaftswunder-ausloesen-13803671.html

Reiner Hoffmann und Annelie Buntenbach, Mitglied der Grünen und Vorstandsmitglied des DGB, verfaßt wurde.[12] Sie folgen dem schlichten demographischen Argument und erwarten, daß »erfolgreich integrierte Flüchtlinge die in 15 Jahren fehlenden 6 Millionen Arbeitskräfte ersetzen« werden. Hier wird immerhin die Größenordnung erkennbar, mit der gerechnet wird. Wenn 6 Millionen Arbeitskräfte durch Einwanderung gewonnen werden sollen, müßten bei einer (optimistisch geschätzten) Beschäftigungsquote von 30 % rund 20 Millionen Einwanderer kommen, von denen 14 Millionen vom Sozialstaat finanziert werden müssen. Wenn jeder von ihnen im Jahr 13.000 Euro kostet, so sind dies nicht weniger als 182 Milliarden Euro, die in 15 Jahren zu zahlen sind. Natürlich wissen diese Gewerkschafter, daß die Masseneinwanderung viel Geld kostet, aber da hilft das linke Mantra, daß man eben Schulden machen soll: »Das Festhalten am ausgeglichenen Haushalt, der ›Schwarzen Null‹, sei nicht zielführend.«

Hier scheint man also tatsächlich immer noch zu glauben, daß durch unkontrollierte Einwanderung von Analphabeten eine Arbeitskraftlücke in einem Hightech-Land gefüllt werden kann, wenn man nur genug »Geld in die Hand nimmt«, wie der beliebte dummdeutsche Ausdruck lautet. Wir können das einmal überschlagen: Das deutsche BIP liegt 2015 bei knapp 3 Billionen und die Staatsverschuldung bei 2,2 Billionen, also etwa 73 %. Wenn die Verschuldung durch 5 Millionen Migranten nur um 100 Milliarden im Jahr wächst, sind dies 3 % des BIP (das wäre die Maastricht-Grenze). Die Verschuldung wäre dann auf 2,3 Billionen gewachsen, bezogen auf ein BIP von 3 Billionen also eine Schuldenquote von 76 %. Wenn man das 10 Jahre lang durchhält, liegt die Schuldenquote wohl über 100 %, also in der Dimension des heutigen Frankreich. Bei dieser Berechnung wird allerdings ein evtl. Wachstum des BIP ignoriert. Läge es ebenfalls bei 3 %, wäre der Effekt neutral. Ein solcher Wert ist allerdings schon lange nicht mehr erreicht worden. Es ist daher wahrscheinlicher, daß die Staatsverschuldung steigt, was ja durch die Null-Zins-Politik der EZB erleichtert wird. Man könnte sich eine solche Politik also wohl über mehr als zehn Jahre leisten. Der Crash, der dann irgendwann kommt, ist dann so groß, daß dieser Faktor auch keine entscheidende Rolle mehr spielt.

Wohin das alles führen wird, ist unklar. Die Verwandlung eines ethnisch relativ homogenen Landes in einen Vielvölkerstaat innerhalb weniger Jahre wird sicherlich nicht ohne Konflikte ausgehen, von beiden Seiten. Es ist unbekannt, wie weit diese Konflikte bei den demographischen Strategen eingepreist sind. In der Politik hofft man offenbar, diesem Problem durch Diskriminierung und Repression der Protestierenden unter den Einheimischen begegnen zu können. In der Ökonomie fällt auf, daß da recht vulgärökonomische Vorstellungen von homogenen, formbaren Arbeitskräften kursieren, nach dem alten Brechtschen Motto: »Mann ist Mann«. Die Verhaltensökonomie sagt das Gegenteil. Wenn schiere demographische Größe sich bruchlos in Reichtum und politische Hegemonie umsetzen würde, müßte Indien das reichste und mächtigste Land der Erde sein.

Die Massenimmigration findet zu einem Zeitpunkt statt, da durch den Prozeß der Globalisierung die Bürgerschaftsrente für die Geringerqualifizierten ebenso dahinschwindet wie der Sozialstaat unter *social overstretch* leidet. Der einzige Weg, mit diesen Problemen zurechtzukommen, bestünde darin, das Bildungssystem zur Qualifizierung der eigenen Bevölkerung auszubauen. Es spräche auch nichts dagegen, qualifizierte Arbeitskräfte aus anderen Ländern, sei es aus Europa, sei es aus anderen Weltregionen, immigrieren zu lassen. Die anstehende Digitalisierung und Automatisierung der Produktion kann nur mit einer Qualifizierungsoffensive bewältigt werden.[13] In einer solchen Situation Massen von Analphabeten einwandern zu lassen, ist ein Zeugnis von Hybris und Unkenntnis in dramatischem Umfang. Es kann sein, daß dies zu einem endgültigen Kollaps der Sozialsysteme führen wird. Es spricht vieles dafür, daß Merkel mit ihrem Spontanentschluß, die Schleusen für Immigranten zu öffnen, keine »blühenden Landschaften« schaffen wird, sondern daß damit großes Unheil angerichtet wird. Bisher hat sie ja tatsächlich Europa geeinigt – gegen sich.

An dieser Stelle könnte optimistisch eingewandt werden, daß die Immigranten gewissermaßen als humanes Rohmaterial in die Industrie-

12 http://www.faz.net/aktuell/wirtschaft/wirtschaftspolitik/es-fehlt-an-geld-fuer-die-integration-der-fluechtlinge-von-reiner-hoffmann-und-annelie-buntenbach-13959442.html.

13 Eric Brynjolfsson & Andrew McAfee: *The Second Machine Age*, New York 2014

länder kommen, wo sie innerhalb einer recht kurzen Zeit so weit ausgebildet und »integriert« werden können, daß sie für den Arbeitsmarkt in einem hochtechnisierten Land tauglich werden. Dieser Annahme stehen jedoch gravierende Einwände entgegen, wie sie etwa im Kontext der Entwicklungspsychologie in Anlehnung an Jean Piaget vorgebracht werden. Danach durchläuft das menschliche Gehirn in seiner Ontogenese/Sozialisation eine Reihe von Entwicklungsphasen, deren höchste das »formal-operative« Denken bildet. Die Gesamtentwicklung ist spätestens mit 18 Jahren abgeschlossen, d. h. wer in diesem Alter noch nicht das formal-operative Stadium erreicht hat, dem wird dies in der Folge niemals mehr gelingen. Er gehört einer Generation an, die für einen anspruchsvollen Arbeitsmarkt verloren ist.

Nach den Studien von Georg W. Oesterdiekhoff[14] ist das formal-operative Stadium des Denkens historisch ein emergentes Phänomen, das zuerst in der europäischen Neuzeit aufgetreten ist. Die Gründe hierfür sind unbekannt, doch kann Oesterdiekhoff in einer Reihe von empirischen Studien zeigen, daß es eine Parallelität von Denkformen vormoderner Völker mit Denkformen vormoderner Zeiten gibt.[15] Die Philosophen der Antike (dies gilt selbst für Aristoteles) wie auch des Mittelalters waren noch der »präformalen« Phase verhaftet. Erst die innovatorischen Denker der europäischen Neuzeit erreichten die neue formale Phase, die sich dann über einen Großteil der europäischen Bevölkerung ausbreitete.

Dieser Befund wird von der IQ-Forschung bestätigt. Seit Anfang des 20. Jahrhunderts fanden in den meisten Industrieländern Reihenuntersuchungen statt, in welchen die Intelligenz der Bevölkerung gemessen wurde. Der Mittelwert wurde mit 100 angesetzt. In den 1980er Jahren machte man nun eine interessante Beobachtung, die als »Flynn-Effekt« bezeichnet wird: Der Mittelwert der Intelligenzmessung mußte immer wieder neu kalibriert werden, d. h. die gemessene Intelligenz stieg von Jahr zu Jahr an. Wer um 1900 noch einen Wert von 100 erreicht hatte, der kam gegen Ende des 20. Jahrhunderts nur noch auf einen Wert von 80. Offenbar sind die Menschen im Zuge ihrer Existenz in einer komplexen Industriegesellschaft intelligenter geworden bzw. erreichen sie höhere Werte in dem, was als »Intelligenz« gemessen wird.

Diese Argumentation hat nichts mit »Rassismus« zu tun, denn es wird in ihr nicht behauptet, »die Europäer« seien intelligenter als andere Völker oder Rassen. Die tatsächlich gemessenen Intelligenzunterschiede gehen vielmehr offenbar auf Umweltreize (im weitesten Sinne) zurück. Eine genetische Grundlage kann die Emergenz des formal-operativen Denkvermögens nicht haben (wenn man theoretisch denkbare epigenetische Vorgänge ausschließt). Nach dem klassischen Evolutionsmodell ist dieser Prozeß zu schnell verlaufen, um eine genetische Grundlage zu haben. Plausibler ist daher die Wirkung von Faktoren, die die Ontogenese und Sozialisation betreffen. Danach reagieren Kinder, die in einer komplexen Industriegesellschaft aufwachsen und den Reizen ausgesetzt sind, die in einer solchen Gesellschaft verbreitet sind, mit der Entwicklung einer höheren Intelligenz, was sich dann darin ausdrückt, daß eine wachsende Zahl von ihnen das formal-operative Stadium erreicht, was in der frühen Neuzeit noch Privileg weniger Philosophen war. Ein Grund hierfür könnte auch im Bildungssystem liegen, doch ist bis heute unklar, welche Faktoren genau dafür verantwortlich waren.

Diese Differenz wird auch in internationalen Tests schulischer Leistungen deutlich, in denen Länder mit regulärer Beschulung, aber auch mit zivilisierten Lebensumständen weitaus besser abschneiden als traditionell geprägte Länder, vor allem aus dem islamischen Raum.[16] Offenbar sind in diesen Ländern sozialisationswirksame Faktoren dominant, die den Übergang zum formal-operativen Denken hemmen. Dazu könnten Lerntechniken wie stures Auswendiglernen, aber auch innerfamiliäre Verhaltensweisen gehören. Wenn nur die Schulen eine Rolle spielten, wäre zu erwarten, daß sich diese Differenzen mit dem Schulbesuch von Immigrantenkindern rasch abbauen. Dies ist aber nicht der Fall. Laut der PISA-Studie von 2012 gibt es drastische Unterschiede zwischen Immigranten und Indigenen, was die Leistungen in Mathematik betrifft.[17]

14 zuletzt: *Die geistige Entwicklung der Menschheit*, Weilerswist 2012

15 *Traditionales Denken und Modernisierung. Jean Piaget und die Theorie der sozialen Evolution*, Opladen 1992; *Die Entwicklung der Menschheit von der Kinheitsphase zur Erwachsenenreife*, Wiesbaden 2013

16 *Trends in International Mathematics and Science Study*, 2011: http://timssandpirls.bc.edu/timss2011/international-results-mathematics.html

17 siehe auch: http://www.pisa.tum.de/fileadmin/w00bgi/www/Berichtband_und_Zusammenfassung_2012/PISA_EBook_ISBN3001.pdf

Kompetenzstufen von fünfzehnjährigen Schülerinnen und Schülern mit Zuwanderungshintergrund für Mathematik

Kompetenzstufen	unter I	I	II	III	IV	V	VI
	%	%	%	%	%	%	%
Ohne Zuwanderungshintergrund	3,9	8,9	17,1	23,4	24,5	15,8	6,3
Ein Elternteil im Ausland geboren	5,3	14,3	22,0	23,3	19,9	11,8	3,4
Zweite Generation	9,8	18,9	22,1	25,7	15,9	6,2	1,3
Erste Generation	15,6	22,2	22,7	16,5	12,6	7,4	3,1
Nicht zuzuordnen	7,2	17,0	24,2	25,3	17,4	7,3	1,7

Auch in der zweiten Einwanderergeneration liegen die Leistungen deutlich unter denen der Einheimischen. Dies mag an einem unterschiedlichen familiären Hintergrund liegen, vielleicht auch an unterschiedlichen Einflüssen der peer groups, die jeweils unterschiedlichen kulturell-ethnischen Hintergründen entstammen.

Das alles sind noch recht grobe Indikatoren. Bemerkenswert ist aber, daß in einigen Industrieländern seit den 1990er Jahren der Flynn-Effekt zurückgeht, d.h. der langfristige Trend des 20. Jahrhunderts, der zu einer Steigerung der gemessenen Intelligenzleistung geführt hat, wurde offenbar gebrochen oder zum Stillstand gebracht. Das mag unterschiedliche Gründe haben. Vielleicht ist das Potential der Intelligenzleistung generell erschöpft? Ein anderer Grund könnte sein, daß durch die Immigration immer mehr Menschen mit niedrigerer Intelligenzentwicklung einwandern, die in ihrer Erziehung die Faktoren weitergeben, die einer Steigerung der Intelligenz bei ihren Kindern im Wege stehen. Schließlich ist es aber auch möglich, daß in den Industrieländern selbst (etwa durch Einfluß der Massenmedien oder der Alltagskultur) neue Intelligenzhemmnisse entstanden sind, die mit der Immigration nichts zu tun haben. Vielleicht kommen ja auch hier selbstbegrenzende Faktoren ins Spiel, die zur Stagnation führen werden.

Auf jeden Fall scheint die Erwartung unrealistisch zu sein, daß selbst relativ junge Analphabeten, die in ein hochentwickeltes Land einwandern, in einer nennenswerten Zahl zu Facharbeitern qualifiziert werden können. Vielleicht ist der ontogenetische Zug bereits mit 18 Jahren abgefahren, so daß man bestenfalls hoffen kann, daß ihre Kinder in die Lage kommen, die entsprechenden Fähigkeiten zu erwerben.

Die Befürworter einer unbegrenzten Masseneinwanderung ohne Berücksichtigung der Qualifikation stehen vor einem grundsätzlichen Widerspruch, dessen Struktur ihnen offenbar nicht bekannt ist. Sie vermuten, daß kein Zusammenhang zwischen der Einwanderung qualifizierter Fachkräfte und der Einwanderung von Analphabeten besteht, vielleicht meinen sie sogar, die Analphabeten ließen sich in recht kurzer Zeit (in weniger als einer Generation) zu Fachkräften qualifizieren. Bei diesen Annahmen wird nicht berücksichtigt, wie die Sache aus der Perspektive eines qualifizierten Immigrationskandidaten aussieht.

Die Massenimmigration von Unqualifizierten hat zwei Effekte: Sie flutet die Sozialsysteme und treibt deren Kosten in die Höhe, und sie erzeugt in der Bevölkerung Widerstände gegen die hohen Kosten, gegen die kulturelle Überfremdung und die zahlreichen kriminellen Übergriffe im Alltag, die von ungebildeten Prädatoren verübt werden. Nehmen wir nun an, eine qualifizierte Fachkraft aus Indien erwäge die Auswanderung in ein Industrieland. Dieser Inder hat nicht von vornherein eine Präferenz für Deutschland, im Gegenteil. Da die Sprache (im Gegensatz zum Englischen) ihm fremd ist, müssen die sonstigen Vorteile einer Immigration nach Deutschland besonders hoch sein. Hier wird er nun entdecken, daß Deutschland zwei Nachteile hat, die mit der ungezügelten Immigration in die Sozialsysteme zu tun haben: Die Abgaben für den Staat sind unverhältnismäßig hoch und die Stimmung in der Bevölkerung gegenüber Fremden ist eher negativ. Er wird also lieber eine Wahl zugunsten von Kanada, Australien oder den USA treffen.

Hier stoßen wir also auf ein prinzipielles Problem. Die Zulassung der Immigration von Unqualifizierten erschwert die Immigration von Qualifizierten. Mit anderen Worten: Je mehr Unqualifizierte ein Land aufnimmt, desto geringer ist der Anreiz für Fachkräfte, in dieses Land einzuwandern. Das eigentliche Motiv der Grenzöffnung, die Versorgung der Arbeitsmärkte mit knapper werdenden Arbeitskräften, wird also durch genau diese Grenzöffnung konterkariert.

Es ist vielmehr zu erwarten, daß sich die folgende Migrationsstruktur herausbildet:

- In ein Land wie Deutschland, das jeden nimmt, wandern immer mehr Sozialhilfeempfänger und immer weniger Fachkräfte ein, mit einer selbstverstärkenden Tendenz, bis das Sozialsystem kollabiert.

- In ein Land wie Kanada, das die Einwanderer nach seinem Bedarf auswählt, wandern immer mehr Fachkräfte ein, da dieses Land ihnen eine attraktive Perspektive bietet, sowohl was die Abgabenbelastung, als auch was die Integrationsbereitschaft betrifft. Für Sozialhilfeempfänger ist dieses Land dagegen relativ uninteressant.

Der Notbehelf, angesichts der politischen Unfähigkeit, klare, bedarfsgerechte Regeln für die Selektion der Einwanderer aufzustellen, die Grenzen für jeden zu öffnen, setzt damit eine Bewegung in Gang, die genau das Gegenteil dessen bewirkt, was man eigentlich will. Wir haben hier wieder einmal den Fall einer schier unbegreiflichen »Torheit der Regierenden« vor uns, die nicht auf die Folgen ihres Handelns schauen, sondern sich lieber von Gesinnungsdeppen in den Medien beklatschen lassen, in der Hoffnung, damit die nächste Wahl zu gewinnen.

4. DAS MULTI-KULTI-NARRATIV: INNOVATION

Diesem Narrativ zufolge ist eine kulturell homogene Bevölkerung nicht innovativ, da sie in Konventionen erstickt. Der Bundesfinanzminister hat die Massenimmigration von Menschen aus fremden Kulturen als Gegenmittel zur »Inzucht« der Europäer bezeichnet: »Die Abschottung ist doch das, was uns kaputt machen würde, was uns in Inzucht degenerieren ließe. Für uns sind Muslime in Deutschland eine Bereicherung unserer Offenheit und unserer Vielfalt. Schauen Sie sich doch mal die dritte Generation der Türken an, gerade auch die Frauen! Das ist doch ein enormes innovatorisches Potential!«[18]

Schäuble hat dies vermutlich nicht in genetischem, sondern in kulturellem Sinn gemeint. Die »Inzucht« besteht dann darin, daß immer dieselben Menschen miteinander kommunizieren, so daß sich kulturelle Plausibilitäten aufschaukeln, die für schlechthin selbstverständlich gehalten werden und ein stabiles Gleichgewicht erzeugen. Die angestrebte »Offenheit« führt dagegen zur Verunsicherung, zur Relativierung, zur Aufbrechung von Gewohnheiten (*disruption*) oder zur »schöpferischen Zerstörung« (Schumpeter), die das Wesen von Innovation, technischem Fortschritt und Wirtschaftswachstum ausmacht.

Dieses Argument geht auf Werner Sombart zurück, der in seiner umfassenden Studie zur Entstehung des »Modernen Kapitalismus« (einigermaßen unstrukturiert) eine Vielzahl von Faktoren aufzählt, die zur Entstehung und Ausbreitung der Industrialisierung beigetragen haben. Ein Element dessen sind für ihn »die Fremden«, die ein spezifisch unternehmerisches Element in die europäischen Gesellschaften gebracht haben sollen.[19] Wer waren nun diese Fremden, die »Massenwanderungen« vollzogen haben, die ein Ferment der kapitalistischen Entwicklung der frühen Neuzeit gebildet haben sollen? Sombart nennt die Juden, die Kolonisten in Amerika und die »Wanderungen der religionsverfolgten Christen«, die er auch als die »Emigranten« bezeichnet. Allzu »fremd« waren diese Migranten offenbar nicht, jedenfalls in Europa, sondern sie bildeten ein Ferment von Vertrautheit und Differenz, das zur Innovation einlud, nicht aber zur Abschottung und zur Bildung von Parallelgesellschaften.

Wir kommen hier zu einem fundamentalen und schwierigen Problem, das die Relation von Kultur und ökonomischer Entwicklung betrifft. Spielt Kultur eine Rolle? Gibt es innerhalb der Industriegesellschaft unterschiedliche kulturelle Formationen oder »Wirtschaftsstile«, die bestimmte Segmente der Industriegesellschaft prägen?[20] Bekannt ist ja die Differenz zwischen dem amerikanischen und dem deutschen

18 *Die Zeit* vom 8. Juni 2016

19 Werner Sombart: *Der Moderne Kapitalismus*, Bd. 1/2, München 1919, Kap. 61

20 Der Begriff »Wirtschaftsstil« geht auf die Historische Schule der Nationalökonomie zurück. Er wurde in der Nachkriegszeit von Alfred Müller-Armack wieder aufgegriffen. Vgl. Bertram Schefold: *Wirtschaftsstile*, 2 Bde., Frankfurt 1994/95

Wirtschaftsstil. In den USA legt man, etwas plakativ ausgedrückt, höchsten Wert auf technische Innovation der Produkte, während der Qualitätsaspekt eine relativ geringere Rolle spielt. In Deutschland ist es genau umgekehrt. Hier sind in den letzten Jahrzehnten nur wenige auf den Konsumgütermärkten sichtbare neue Produkte entstanden, doch wurden ältere Produkte in einer Weise verfeinert und technisch ausgereift, daß sie auf den Weltmärkten fast konkurrenzlos sind. Wer würde sich nicht lieber ein deutsches als ein amerikanisches Auto kaufen? Ähnliche Vorsprünge gibt es auch in weniger spektakulären Sektoren, etwa der Medizintechnik oder dem Maschinenbau.

Die deutsche Wirtschaft beruht in ihren starken Sektoren auf einem völlig anderen kulturellen Stil als die amerikanische. Die hochinnovative Garagenfirma, aus der dann Giganten wie Microsoft oder Apple hervorgehen können, gibt es in Deutschland kaum. Dagegen existieren aber, vor allem in Süddeutschland, Spezialfirmen des Maschinenbaus, die seit Jahrzehnten, vielleicht über mehrere Generationen in homogenen Kleinstädten angesiedelt sind, deren Arbeitskräfte in den umliegenden Dörfern wohnen, dort ihre Nachbarschaften und Vereinskultur pflegen, und dennoch (oder deswegen?) in der Lage sind, Produkte von einer Qualität und Verläßlichkeit herzustellen, die sie zu Weltmarktführern machen. Es wäre ein fundamentaler Irrtum, wollte man das amerikanische Modell der hochriskanten Innovationsbereitschaft universalisieren. Die Stärke jeder evolutionären Ordnung (zu der auch die Wirtschaft gehört) liegt gerade in ihrer Vielfalt, in ihrer Nicht-Festlegung auf einen bestimmten Stil, in der (internationalen) Koexistenz verschiedener Strategien.

Wenn man daher die naive Sicht vertritt, die Multikulturalisierung werde die deutsche Gesellschaft bunter, vielfältiger und damit kreativer machen, so unterliegt man einem Fehlschluß, der auf geringer Geschichtskenntnis beruht. Wenn man genauer hinsieht, wird man entdecken, daß die große Zeit der europäischen Innovationen, also die Industrialisierung und »Modernisierung« des 18. bis 20. Jahrhunderts, zugleich eine Zeit kultureller Homogenität der Nationalstaaten war. Die kulturellen Differenzen zwischen den europäischen Staaten, die an der Industrialisierung beteiligt waren, verringerten sich in dieser Zeit, so daß ein umfassender gemeinsamer Kommunikationsraum geschaffen werden konnte, der es auch möglich machte, daß Spezialisten von Land zu Land wanderten. Es spricht schon für eine gewaltige Portion historischer Unbildung, wenn jemand behauptet, der Islam gehöre zu Europa. In der Zeit der europäischen Pionierleistungen war Europa vom Christentum und von der Aufklärung geprägt. Und noch heute sind wirklich multikulturelle Gesellschaften, etwa in Südamerika oder auf dem indischen Subkontinent, nicht für ihre Innovationskraft bekannt.

In naiver ökonomischer Perspektive wird häufig die Immigration als Import von qualifizierbaren Arbeitskräften verstanden, die kulturell gewissermaßen eine *tabula rasa* bilden. Die Immigranten werden als eine Art potentielles Humankapital angesehen, gewissermaßen als humaner Rohstoff, der innerhalb recht kurzer, jedenfalls überschaubarer Zeit zugerichtet und brauchbar gemacht werden kann, durch Spracherwerb, technische Ausbildung und Integrationskurse. Eine eigenständige Kultur wird diesen Menschen nicht zugeschrieben, es sei denn als disruptive »Fremdheit«, die zur Durchbrechung eingeschliffener Gewohnheiten führen kann.

Hierbei wird (vor allem im politischen Raum) übersehen, daß in der neueren, von der Verhaltensökonomie angeregten Forschung, viel komplexere Modelle von »Kapital« existieren, als man in vulgarokonomischer Weise vermutet. Dies gilt vor allem für das Konzept des »kulturellen Kapitals«, das von Lawrence Harrison ausgearbeitet wurde.[21] Es schließt an eine Erweiterung des Konzepts »Kapital« an, die seit einigen Jahren stattgefunden hat. Prinzipiell lassen sich heute vier Kategorien von »Kapital« unterscheiden:

1. Finanzielle Ressourcen, Sachgüter – das klassische Kapital von Adam Smith oder Karl Marx

2. Human Capital – die Qualität der Arbeitskräfte, beruhend auf Ausbildung (Gary Becker)

21 Lawrence E. Harrison & Samuel P. Huntington (Hrsg.): *Culture Matters. How Values Shape Human Progress*, New York 2000

3. Soziales Kapital – die Tendenz zur Kooperation und Assoziation (Ernst Fehr)

4. Kulturelles Kapital – tradierte Einstellungen und Haltungen, deren Befolgung Kooperation und Vertrauen stärken.

Kulturelles Kapital beruht auf kultureller Überlieferung sowie auf der Eindeutigkeit der Gruppenzugehörigkeit. Es handelt sich dabei um einen Set von Einstellungen und Gewohnheiten, deren gemeinsamer Gebrauch Vertrauen und Verläßlichkeit schafft. Nach Harrison und Huntington verbinden sich in der westlichen, vor allem der anglo-protestantischen Kultur die folgenden Elemente: Rechtstreue, Fairneß, Achtung der Rechte des Individuums, Beschränkung der Staatsgewalt, Verbindung von Individualismus und Gemeinwohlorientierung, Meinungsfreiheit inkl. Religionsfreiheit, Arbeitsethos, Orientierung am Fortschritt, Wertschätzung von Bildung und Erziehung. Diese Kombination ist in ihrer Sicht das kulturelle Erfolgsgeheimnis der avancierten Länder.

Eine wesentliche Leistung des kulturellen Kapitals besteht im Aufbau von Vertrauen. Menschen, die sich kulturell unter Gleichgesinnten bewegen, neigen dazu, diesen Vertrauen entgegenzubringen und nicht in jeder Situation mißtrauisch Betrug zu wittern und Schutzmaßnahmen zu ergreifen. In ökonomischer Sicht handelt es sich hierbei um ein Senken von Transaktionskosten: Ich muß nicht bei jeder Verabredung einen hieb- und stichfesten Vertrag abschließen, den ich vor Gericht einklagen kann. Ich muß mir auch keine Verbündeten in einem Klientelverband suchen, die mir im Konfliktfall dabei helfen, meine Interessen durchzusetzen. Vielleicht muß ich in meinem Haus nicht einmal Fenster und Türen verschließen und absichern, da ich darauf vertrauen kann, daß kein Einbrecher eindringt.

Dieses Vertrauen konnte in den kulturell homogenen Ländern Europas im späten 19. und bis zur Mitte des 20. Jahrhunderts eine erstaunliche Stabilität entwickeln. Paul Collier erzählt hierzu eine passende Geschichte:[22] Im 19. Jahrhundert hat sich die britische Gesellschaft so weit zivilisiert, daß ein stillschweigender Konsens zwischen Unterwelt und Polizei entstanden ist, daß beide auf den Gebrauch von Schußwaffen verzichten. Der Bobby trug einen Schlagstock, keine Schußwaffe, und schwere Verletzungen bei der Konfrontation zwischen Polizei und Verbrechern waren sehr selten (im Gegensatz etwa zu den USA).

In den 1960er Jahren durchbrach ein Verbrecher diese Konvention und erschoß drei Polizisten. Die Londoner Unterwelt reagierte darauf, indem sie diesen Verbrecher isolierte und exilierte. Er floh nach Nordengland, wo er bald von der Polizei gefaßt wurde. Der kulturelle Code des Verbots von Schußwaffengebrauch wurde also weitgehend respektiert. Heute ist dies anders. 2011 zog ein verhafteter Krimineller im Polizeiwagen eine Waffe, und die Polizisten erschossen ihn in Selbstverteidigung. Bemerkenswert daran ist nicht nur, daß nach 50 Jahren beide Parteien bewaffnet waren. Wichtiger ist noch, daß der Tod des Kriminellen schwere Ausschreitungen provozierte. Die Netzwerke der Unterwelt schlossen ihn also nicht mehr aus, sondern fühlten sich durch seinen Tod zur Vergeltung aufgerufen. Hier ist also ein Stück kulturelles Kapital zusammengebrochen, und man kann sich kaum vorstellen, daß der *Status quo ante* je wiederhergestellt werden kann.

Analoge Vorgänge können wir auch in Deutschland beobachten. So gab es in den 1960er Jahren noch den Geldbriefträger, der Bargeld an private Adressen zustellte. Man stelle sich vor (und ich erinnere mich noch daran): Da läuft ein älterer Mann mit einer schweren Geldtasche durch die Straßen, von jedem erkennbar, und es geschieht ihm nichts. Heute müßte er von einem Aufgebot an Bodyguards begleitet werden. In der Zeit des Bargelds, als viele Menschen noch kein Girokonto besaßen, war dies aber üblich. Kassierer von Stadtwerken, von Wohnungsgesellschaften oder von Zeitungen sammelten Bargeld ein, und es herrschte ein Klima von Vertrauen, so daß alle Beteiligten sich dabei sicher fühlten. Dies ist auch noch ein Grund, weshalb ältere Menschen heute so häufig und leicht betrogen werden können. Sie haben das Vertrauen, das sie in ihrer Jugend aufgebaut haben, noch nicht verloren, weshalb sie auf diverse Enkeltricks, Bitten um ein Glas Wasser, Verlangen nach Zutritt von »Polizisten« oder Mitarbeitern der Stadtwerke in ihre Wohnung hereinfallen.

22 Paul Collier: *Exodus. How Migration is Changing our World*, Oxford 2013, S. 78–80

Kulturelles Kapital und Vertrauen sind schwer aufzubauen und verschwinden auch nicht in sehr kurzer Zeit. Sie besitzen eine gewisse Trägheit, und heute leben wir hier in einer Übergangsformation. Bedroht ist das kulturelle Kapital durch den »Multikulturalismus«, der sich im Zuge von Immigration zunächst in den USA und Kanada, später in fast allen Industrieländern (mit Ausnahmen wie Japan oder Rußland) programmatisch durchgesetzt hat. Robert Putnam beschreibt diesen Effekt wie folgt: »The short run effect of being around people who are different from us is to make all of us uncertain – to hunker down, to pull in, to trust everybody less. Like a turtle in the presence of some feared threat, we pull in.«[23]

Wichtig ist die Abnahme von Vertrauen. Auf die Frage: »can most people be trusted?«, haben 1990 52 % der Amerikaner und Kanadier mit Ja geantwortet. Im Jahr 2000 waren es nur noch 36 % bzw. 39 %. Das Maß des Vertrauens ist ein Maß der Zivilisiertheit und Leistungsfähigkeit einer Gesellschaft. Im Jahr 2000 beantworteten die oben gestellte Frage 67 % der Dänen und 66 % der Schweden mit Ja, aber nur 3 % der Brasilianer.[24] Natürlich gibt es zahlreiche Gründe für Vertrauen, nicht nur den Grad kultureller Homogenität. Und zweifellos ist der Abbau von Vertrauen nicht nur auf Immigration und Multikulturalität zurückzuführen, sondern auch auf gesellschaftsinterne kulturelle Prozesse der »Emanzipation«.

Harrison stellt, um die Bedeutung kultureller Tradierung zu illustrieren, Haiti und Barbados einander gegenüber. Beide sind bevölkert von Abkömmlingen westafrikanischer Sklaven, gefangen und verschifft von Dahomey. Haiti wurde 1804 von Frankreich unabhängig und entwickelte eine autochthone quasiafrikanische Kultur (Voodoo etc.). Barbados war eine britische Kolonie, die 1966 die Unabhängigkeit gewann. Beide Inseln werden heute von Abkömmlingen der Sklaven beherrscht, die bis ins späte 18. Jahrhundert importiert wurden. In Barbados haben sie sich (seit der Sklavenbefreiung in den 1830er Jahren) anglisiert (»Afro-Saxons«). Die dominante Religion ist die Church of England. Nach dem UN Human Development Index von 2010 steht Barbados auf Platz 42, Haiti auf Platz 145 (von 169). Harrisons Folgerung: »Culture matters, race doesn't.«[25]

Das kulturelle Kapital ist fragil und kann zerstört werden. Die wachsende Flut von Immigranten verändert die kulturelle Zusammensetzung in den Zielländern, vermutlich in Richtung auf Segmentierung und Tribalisierung. Die Konsequenzen dieser Verschiebung der ethnischen Identität der Zielländer sind weitgehend unklar. Es mag sein, daß deren ökonomische Leistungsfähigkeit wie auch das hohe Maß an innerer Sicherheit auf langfristig entstandenen kulturellen Traditionen beruht, die durch »Multikulturalismus« zerstört werden und nicht wiederherstellbar sind. Das Ethos einer komplexen Leistungsgesellschaft ist schwer zu verstehen und nicht leicht zu »konstruieren«. Wenn es so wäre, gäbe es keine Entwicklungsprobleme, vor allem nicht in Schwellenländern wie in Südamerika.

Das zentrale Ideologem des Multikulturalismus ist die relative Gleichwertigkeit der Kulturen: Zwar unterscheiden sie sich voneinander, doch ist keine »besser« oder »schlechter« als die andere. Wer das nicht glaubt, wird als »Rassist« geschmäht – mit der merkwürdigen Pointe, daß die Kultur des Rassismus offenbar doch schlechter ist als die des Multikulturalismus, ein naheliegendes Paradoxon der Selbstbezüglichkeit. Neben dieser Wertfrage ist aber die Vermutung entscheidend, daß die Koexistenz unterschiedlicher Kulturen nicht schädlicher ist als die kulturelle Homogenität, was die Effizienzfolgen betrifft.

Der Relativismus, der alle Kulturen (trotz evidenter und leicht meßbarer Leistungsunterschiede) für gleichwertig hält, führt zu einer »moralischen Überdehnung«, die selbstdestruktiven Charakter hat. Anzeichen dafür finden sich auf zahlreichen Feldern, vom exzessiven Egalitarismus, der Inklusion, der Fernstenliebe, bis hin zu sektiererischen Moden wie veganer Ernährung (auch für Katzen). Hier findet eine (schwerlich reversible) Dekadenz statt, mit der anzunehmenden Folge, daß »nach der Sintflut« nicht die noch Dekadenteren, sondern die harten Entschlossenen kommen werden.

23 Robert Putnam, Interview vom 11. Februar 2008, https://www.hks.harvard.edu/news-events/publications/insight/democratic/robert-putnam

24 Lawrence Harrison: *Jews, Confucians, and Protestants. Cultural Capital and the End of Multiculturalism*, Lanham 2013, S. 191

25 Harrison 2013 (vgl. Fn 24), S. 4

5. DAS MULTI-KULTI-NARRATIV: BUNTHEIT UND ABENTEUER

Neben das Multi-Kulti-Narrativ in ökonomischer Hinsicht, also als Förderung unternehmerischer Innovation, tritt ein Narrativ, das den Multikulturalismus in engerer kultureller Perspektive begrüßt. In dieser Hinsicht wird die Transformation der homogenen nationalstaatlichen in eine »multikulturelle« Gesellschaft als Bereicherung nicht im ökonomischen, sondern im kulturellen Sinn verstanden. Die Gesellschaft wird komplexer, vielfältiger, intransparenter, aber auch gefährlicher, also aufregender und riskanter. In dieser Sicht soll also durch Förderung der Masseneinwanderung aus heterogenen Herkunftsgebieten die überkommene kulturelle Konfiguration der nationalstaatlichen bzw. europäischen Epoche überwunden werden, und an ihre Stelle soll ein Synkretismus von Kulturfragmenten treten, der keine innere Konsistenz mehr aufweisen muß.

Diese Forderung schließt an fundamentale Tendenzen der Kulturentwicklung in der zweiten Hälfte des 20. Jahrhunderts an. In den USA etwa war im 19. und frühen 20. Jahrhundert noch von einem *melting pot* die Rede, herrschte also die Vorstellung, die verschiedenen Gruppen von Immigranten würden in eine neue amerikanische Kultur zusammengeschmolzen werden, in der Fragmente der Herkunftskultur nur noch eine folkloristische Bedeutung haben. Man ißt Hamburger, Pizza oder Sushi, ansonsten ist man aber Amerikaner.

Im letzten Drittel des 20. Jahrhunderts wurde dann deutlich, daß dieses Modell einer verbindlichen kulturellen Integration dabei war zu scheitern. Der amerikanische Historiker Arthur M. Schlesinger veröffentlichte 1991 das einflußreiche Buch *The Disuniting of America. Reflections on a Multicultural Society*, in dem er das Scheitern des Melting-pot-Programms konstatierte (und beklagte). Die multikulturelle Gesellschaft spaltet sich zunehmend in Segmente, die ihren eigenen Imperativen folgen, und die unter wachsenden Schwierigkeiten von einem noch immer das Gewaltmonopol beanspruchenden Zentralstaat im Zaum gehalten werden. Die multikulturelle Gesellschaft zeigte seiner Diagnose zufolge erste Anzeichen einer Transformation in eine multitribale Gesellschaft.

Auf kultureller Ebene ist dem die Zerbröckelung der einst verbindlichen Hochkultur vorausgegangen. Die Hochkultur war eigentlich ein Erbe der komplexen agrarischen Zivilisationen, deren Elemente im 19. Jahrhundert von den neuen aufsteigenden bürgerlichen Schichten adaptiert wurden. Diese tradierte Hochkultur mit ihren Elementen der Literatur, der Musik, der Oper, des Theaters, der bildenden Kunst oder der Architektur konnte im hochbürgerlichen Zeitalter noch einmal behauptet und sogar gesteigert werden. Sie bewahrte einige Elemente ihrer aristokratischen Herkunft. Gaetano Mosca hat in seiner kenntnisreichen Studie zur *classe politica* demonstriert, wie eine aristokratische herrschende Klasse in der agrarischen Zivilisation nicht nur die Felder der Politik (inklusive Militär) und Ökonomie, sondern auch der Hochkultur besetzt und geprägt hat.[26] Die herrschende Klasse setzte gewissermaßen kulturelle Patina an. Sie wurde milde, verlor ihre natürliche Grausamkeit und zeigte schließlich Züge von Mäßigung, Geschmack und Zivilisiertheit. Ihre Kultur wurde hochdifferenziert, verfeinert und reflektiert. Vulgarität jeder Art wurde abgelehnt, ebenso starke Affekte und überdramatische Wirkungen.

Das Großbürgertum übernahm zunächst im 19. Jahrhundert Elemente dieser klassischen Kultur, doch konnte es diese nicht aufrechterhalten. Im 20. Jahrhundert verschwand die aristokratisch-hochbürgerliche Kultur bzw. wurde sie musealisiert. Die neue »moderne«, vitale und expressive Kultur war dagegen wild, körperlich, drastisch und exzessiv. Sie übernahm Züge der überkommenen Unterschichtskultur, ihrer Hunderennen, Hahnen- und Boxkämpfe, ihrer orgiastischen Tänze und grellen Farben. Es kam zu einer Entwicklung, die Paul Fussell treffend als *prole drift* bezeichnet hat.[27] In der Ästhetik des *prole drift* wird das fundamental Neue unserer Epoche erkennbar, die sich kulturell in jeder Hinsicht von den Stilbemühungen der agrarischen Zivilisationen abgrenzt. Es wird hier phänomenal deutlich, daß wir am Beginn eines neuen Zeitalters stehen, in dem alles »umgewertet« wird, was einst gegolten hat. Auffällig ist etwa, daß nun der Stil (etwa in der

26 Gaetano Mosca: *Elementi di Scienza Politica* (zuerst 1922), dt. Ausgabe: *Die herrschende Klasse*, München 1950

27 Paul Fussell: *Class: A Guide Through the American Social System*, New York 1982

Kleidermode) nicht mehr von oben nach unten, sondern von unten nach oben fließt, eben als *prole drift*. Dergleichen hat es in agrarischen Zivilisationen nie gegeben. So ist zwar im frühen 16. Jahrhundert die Landsknechtmode von Aristokraten übernommen worden, die sich in künstlich zerschlitzte Wamse gekleidet haben. Die Schlitze allerdings, die von Säbelhieben zeugen sollten, wurden mit Seide ausgekleidet. Hier liegt ein fundamentaler Unterschied zu den *stone washed* und künstlich zerrissenen Jeans von heute.

Diese Umwertung wird auch in den Selbstbezeichnungen deutlich. Die neue Zivilisation erfährt sich selbst als rebellisch und andersartig, und dies wird immer dann besonders klar erkennbar, wenn sie auf Reste der agrargesellschaftlichen Hochkultur stößt. Sie möchte explizit krumm sein, schief, falsch, verdreht, also »links«. Es handelt sich um eine Kultur, die das Un-Rechte zu ihrer Signatur erhebt. Sie errichtet Gebäude, die aussehen, als stünden sie kurz vor dem Einsturz. Diese Faszination vom Schiefen und Verkehrten geht bis in Details. Jede Anmutung von Symmetrie und Ordnung erscheint dem »linken« Lebensgefühl als unerträglich.

Die neue Ästhetik des *prole drift* findet sich in mehreren Lebensbereichen, die von einem ähnlichen Stil affiziert werden:

- im Unterhemd herumlaufen (T-Shirt)
- klobige Arbeitsschuhe, auch für Frauen
- Arbeitshosen (Jeans), vielleicht sogar zerrissen
- offenes Hemd
- unrasiert (»Dreitagebart«)
- Tätowierung
- schwellende Muskeln

- Kampfjacke (statt Mantel)
- Arbeitsfahrzeuge (Pick-up-Truck, SUV)
- Mannschaftssport (Fußball)
- popular culture (Comics, Krimis, Rockmusik)
- obszöne Sprache (»fuck« & »shit«)

Ein wichtiges Element des *prole drift* ist die Allgegenwart und hohe Wertschätzung des Lärms, sei er künstlich verursacht (»Musik«) oder handle es sich um bloßes Geschrei, etwa von Kindern, das unter besonderem Schutz des Staates steht. Hier wird eine wichtige Differenz zur älteren Kultur der Vornehmheit erkennbar. Diese schätzte die Stille, die Konzentration, die Selbstbeherrschung, während das Lärmen zum Merkmal des Pöbels gehörte. Schopenhauer hat im Lärm (etwa im überflüssigen Peitschenknallen) einen Angriff des nackten, unbeherrschten, vom »Willen« geprägten »Lebens« gegen die distanzierende »Vorstellung« erblickt. Er hat damit etwas fundamental Richtiges erkannt: Die Allgegenwart des Lärms, die Vernichtung der Stille, schneidet die Menschen gezielt von einer reflexiven Kultur ab, trennt sie von der Tradition und ihren »Texten« und liefert sie vollständig der vulgären Gegenwart aus. Viele Menschen bedürfen dann des Mediums Lärm, um überhaupt leben zu können. Sie füllen freiwillig ihre Umgebung mit Radio- und Fernsehgeschwätz oder mit »Musik«, um sich in ein Leben einzuschwingen, das keine Selbstdistanz mehr kennt.

Die Kultur des *prole drift* ist dionysisch in dem Sinne, wie der betrunkene Bauer, der auf niederländischen Genrebildern zu sehen ist, dionysischen Charakter trägt. Sie ist vulgär und körperlich, und letztlich ist sie von der Faszination der Gewalt beherrscht. Vielleicht handelt es sich hierbei um eine phänomenologische Antizipation des Bürgerkriegs bzw. des »molekularen Kriegs«, von dem Enzensberger gesprochen hat.[28]

28 Hans Magnus Enzensberger: *Aussichten auf den Bürgerkrieg*, Frankfurt a. M. 1993

In dieser antizipierten Kultur des tribalen Kriegs, der ja heute schon auf den Schulhöfen ausgetragen wird und sich bald in weitere Siedlungsgebiete ausbreiten wird, kann wieder die Stunde für das »abenteuerliche Herz« schlagen. Für Jugendliche, die das reale Kriegserlebnis vermissen und nach Kompensation suchen, kann in der multikulturellen, multitribalen Gesellschaft ein *moral equivalent to war* liegen:[29] Ein Ort von Wagnis, Abenteuer und Extremerfahrung, als Alternative zur spießigen Nationalkultur.

MOTIVE DER AKTEURE

1. GESINNUNGSETHIK UND DIE FOLGEN

a) Empirische Moral und normative Ethik

Die Zulassung oder gar Förderung der Massenimmigration wird auf der intellektuellen Ebene mit einem Rekurs auf Prinzipien einer universalistischen Ethik begründet. Die Immigranten erscheinen als »Menschen«, denen die gleichen »Rechte« oder die gleiche »Würde« innewohnt wie den Menschen in den Zielländern, woraus im Extremfall gefolgert wird, daß kein legitimer Unterschied zwischen Migranten und Einwohnern gemacht werden darf. Diese Argumentation ist vor allem in der »Öffentlichkeit« verbreitet, also in Presse und Fernsehen, aber auch im Bildungswesen, und man hat den Eindruck, daß sie dort für bare Münze genommen wird. Ob dies im politischen Raum auch der Fall ist oder ob dort die gesinnungsethische Rhetorik eher einen Nebelvorhang bildet, der die wahren Motive verdeckt, mag dahingestellt bleiben. Auf jeden Fall aber ist das humanitär-universalistische Argument so stark, daß es eine eigene ideelle Motivreihe bilden kann. Kultur ist ein wirkungsmächtiger Akteur. Die Menschen sprengen sich für Allah in die Luft – weshalb sollen sie dann nicht ihre Gesellschaft für die Menschenrechte zerstören?

Um zu verstehen, was hier geschieht, soll auf den elementaren Gegensatz von empirischer Moral und normativer Ethik zurückgeblickt werden, auf zwei prinzipiell unterschiedliche Argumentationsfiguren, die allerdings die Eigenschaft gemein haben, daß beide jeweils Sollens-Regeln aufstellen, jedoch mit unterschiedlicher Reichweite.

Die empirische Moral ist eine Grundeigenschaft von Menschen, die kooperierend in Gruppen leben. Sie ist evolutionär als Lösung eines fundamentalen Problems entstanden: Wie kann auf Dauer Kooperation von Nicht-Verwandten stattfinden? Kooperation in Gruppen ist in der Tierwelt weit verbreitet, doch beruht sie in der Regel darauf, daß die kooperierenden Individuen eng miteinander verwandt sind. Dies löst das

29 William James: *The Moral Equivalent of War. Essays in Religion and Morality*. Cambridge 1982, (zuerst 1910), S. 162–173

Grundproblem der Kooperation, das in der Gefahr der Trittbrettfahrerei liegt. Es ist für jedes Individuum nützlich, kooperative Leistungen anderer zu empfangen, doch bietet es sich immer an, sich selbst die Kosten der Kooperation zu ersparen. Bei jeder Kooperation entsteht daher das klassische Gefangenendilemma, das es unwahrscheinlich macht, die Kooperation auf Dauer zu stellen. Bei miteinander verwandten Organismen wird dieses Problem prinzipiell durch den Mechanismus der *inclusive fitness* gelöst.[30] Wenn enge Verwandte von der Kooperation eines Organismus profitieren, so betrifft dies zahlreiche Gene, die dieser Organismus mit seinen Verwandten gemein hat. Das Problem des Trittbrettfahrens wird dadurch verringert.

Anders ist dies bei Kooperation zwischen Nicht-Verwandten. Hier besteht tatsächlich die Gefahr der Asymmetrie, die bald zum Zusammenbruch der Kooperation führt. Da Kooperation aber prinzipiell mit einem hohen Nutzen verbunden ist, liegt eine große evolutionäre Prämie darauf, in ein kooperatives Muster zu gelangen. Die Lösung, die *Homo sapiens* dafür gefunden hat, liegt in einer instinktiven Verankerung von Kooperationsbereitschaft (Reziprozität, Loyalität, Opferbereitschaft), die allerdings auf der zentralen Unterscheidung zwischen Zugehörigkeit und Nicht-Zugehörigkeit zu einer kooperativen Gruppe beruht. Die empirische Moral, die in diesem Kontext entsteht, ist daher gruppenbezogen (und kann evolutionär nur im Wettbewerb zwischen Gruppen hervorgebracht worden sein). Die Definition der Gruppe, welcher die Loyalität gebührt, ist dagegen Angelegenheit der Ontogenese bzw. der Sozialisation.

Die konkrete Identifikation dessen, was als »eigene Gruppe« zählt, der die Kooperationsbereitschaft gilt, ist somit fast beliebig. Sie kann sich auf die jeweilige *peer-group* beziehen, auf die Familie, den Clan, den Stamm, das Dorf bis hin zum Staat (oder auf eine ideologische Gemeinschaft wie eine Religion oder eine weltanschaulich definierte Partei). Dies bedeutet, daß die universelle und prinzipielle Kooperationsbereitschaft von Angehörigen der Spezies *Homo sapiens* fast beliebig besetzt werden kann, wobei allerdings in der Regel ihr Gewicht abnimmt, je größer und abstrakter die Referenzgruppe wird. Hinzu kommt, daß die Kooperationsbereitschaft bei der Konfrontation mit gegnerischen

Gruppen steigt. Krieg ist der kooperative Austrag von Konflikten, wobei der Anspruch an die Opferbereitschaft des einzelnen steigt, je ernsthafter der Konflikt ist. Umgekehrt kann die Kooperationsbereitschaft nach innen abnehmen, wenn kein Feind in Sicht ist.

Hier stoßen wir also auf die Dimension der Freund-Feind-Unterscheidung, die im Kooperationskontext von zentraler Bedeutung ist. Kooperation gilt immer nur für die eigene Gruppe. Zwar ist jeder Mensch prinzipiell kooperationsfähig, er ist dies aber nicht gegenüber allen Menschen, sondern nur gegenüber seinen »Nächsten«.[31] Der Kooperationsbereitschaft korreliert also die Xenophobie. Die moralischen Regeln, die in diesem Kontext aufgestellt werden, haben daher keinen universellen Charakter. Sie gelten nach innen, nicht aber nach außen. Wer nicht zur eigenen Gruppe gehört, wird als Feind, Opfer oder Neutraler behandelt. Die Definition dessen ist aber kulturspezifisch.

Neben dieser empirischen Moralität, die in tiefe evolutionäre Zeiträume hinabreicht, findet sich auch eine jüngere normative Ethik, die in einem merkwürdigen Spannungsverhältnis zur Moralität steht. Die normative Ethik, die in komplexen agrarischen Zivilisationen zuerst entwickelt wurde, versucht, Verhaltensnormen aus generellen rationalen Überlegungen abzuleiten. Sie ist historisch ein relativ spätes Phänomen, vermutlich Ausdruck der zivilisatorisch-imperialen Auflösung tribaler Gesellschaften. Ihre Wurzel liegt in der Übertragung von Denkfiguren, die in Hinblick auf die Deutung von Naturphänomenen entwickelt wurden, auf den Bereich der sozialen Praxis.

Sie ist damit Element einer neuen, sich ausdifferenzierenden »Philosophie«. Voraussetzung jeder Philosophie ist die Ersetzung des empirisch-kontingenten durch ein transzendental-universalistisches Ich. Das Subjekt des Denkens muß abstrakten Charakter haben, jenseits von konkreten Affekten, Idiosynkrasien, Intuitionen oder Interessen. Sein Denken muß jenseits der subjektiven Erfahrung des Denkenden

30 Das Konzept geht zurück auf William D. Hamilton: »The genetic evolution of social behaviour«, in: *Journal of Theoretical Biology* 12, 1964, S. 12–45. Eine schöne Darstellung des Gesamtzusammenhangs findet sich bei Matt Ridley: *The Origins of Virtue*, London 1996

31 Daran erinnert noch Matthäus 5,43: »Ihr habt gehört, daß gesagt ist: ›Du sollst deinen Nächsten lieben und deinen Feind hassen.‹«

verankert sein. Seine Argumentation muß daher unabhängig von der jeweiligen Person, die argumentiert, nachvollziehbar sein. Die konkreten, empirischen Eigenschaften des Ich müssen hinter einem »veil of ignorance« (Rawls) verborgen bleiben. Diese strikten Operationen müssen dann nicht nur für die reine Philosophie oder die Naturphilosophie gelten, sondern auch für Bereiche der praktischen Orientierung. Wenn die Voraussetzung jeder rationalen Philosophie die Ersetzung des empirischen durch das transzendentale Subjekt ist, dann folgt daraus ganz selbstverständlich, daß der epistemologische Universalismus, den man vorne in den Denkprozeß hineinsteckt, hinten als normativer Universalismus wieder herauskommen muß. Das abstrakte, eigenschaftslose Ich, das denkt, muß zu Schlüssen kommen, die von jeder konkreten Eigenschaft abstrahieren und somit universal sind. In normativer Hinsicht folgt daraus ein Universalismus des Sollens, der abstrakt-universelle Größen erzeugt, wie »Menschenrechte« oder »Menschenwürde«. Es handelt sich hierbei um eine klassische *petitio principii*, d. h. das Ergebnis ist bereits in den Annahmen enthalten und muß nur noch expliziert werden. Zugleich ist diese Gedankenfigur logisch schlechthin schlüssig.

Aus diesen Überlegungen wird deutlich, daß die empirische Moral in einem fundamentalen Gegensatz zur normativen Ethik stehen kann. Die empirische Moral ist partikular, instinktiv und gruppenbezogen, sie kennt Beziehungen der Nähe (»Nächstenliebe«) und der Ferne (»Feindschaft«), die jeweils affektiv hoch besetzt sind: Haß, Gleichgültigkeit, Liebe, Loyalität. Die normative Ethik dagegen ist indifferent, was ihren Gegenstand betrifft und daher von einer gewissen Gleichgültigkeit im affektiven Sinn geprägt. Die Eigenschaft der »Menschenwürde« etwa kommt jedem zu, der DNA von *Homo sapiens* in sich trägt. Eine affektive Bedeutung, etwa im Sinne der »Liebe«, hat dies allerdings nicht, es sei denn, es gelingt, das normativ-universalistische ethische Programm ideologisch auszubauen und emotional aufzuladen.

In der europäischen philosophischen Tradition ist schon lange aufgefallen, daß es scharfe Gegensätze zwischen der empirischen Moral und der normativen Ethik gibt. Die Philosophie tendiert *ex professio* dazu, die normative Ethik höher zu bewerten als die empirische Moral, die keine philosophische Dignität besitzt, sondern eher als Ausdruck von Egoismus und Ressentiment gilt, weshalb ihr häufig jede Legitimität abgesprochen wird. Allerdings haben über zweitausend Jahre philosophisch-religiöser Propaganda universalistischer Ethiken bislang die empirische Moralität nicht ausrotten können.

Betrachten wir die Konfrontation beider Figuren etwas näher. Adam Smith hat dazu in seiner *Theory of Moral Sentiments* ein schönes Beispiel gebracht:[32] Angenommen, wir erfahren, daß uns morgen ein Finger abgeschnitten werden soll. Gleichzeitig erfahren wir, daß morgen eine Million Chinesen umkommen werden. Welche Nachricht berührt uns stärker? Jeder, der ehrlich ist, wird zugeben, daß ihn der drohende Verlust eines Fingers mehr beunruhigen wird als der Tod der Chinesen. Aber nehmen wir an, es wäre möglich, den Verlust des Fingers dadurch zu vermeiden, daß eine Million Chinesen umgebracht werden. Jeder, der zugäbe, daß er dies will, stünde zweifellos als Monster da. Wir haben hier also eine Konfrontation zwischen der affektiven Nähe (Verlust des Fingers) und dem abstrakten Universalismus ethischer Prinzipien vor uns, was in konkreten Abwägungen durchaus schwierig wird.

Wenn jemand vor der Alternative steht, ob er lieber sein eigenes oder ein fremdes Kind aus einem brennenden Haus retten will, werden wohl fast alle ohne größere Überlegung, aus dem Bauchgefühl heraus, eher das eigene Kind retten, obwohl es als Mensch die gleichen Rechte und dieselbe Würde besitzt wie das fremde Kind. Da es keinen zwingenden Grund gibt, weshalb einer nicht das eigene Kind retten sollte, besteht hier wohl eine Äquivalenz von empirischer Moral und normativer Ethik. Wie wäre es aber bei quantitativ differierenden Situationen? Würde jemand lieber sein eigenes Kind als 2, 3, 10, 20 fremde Kinder retten? Wie immer man dies beantwortet, handelt es sich jedenfalls nicht mehr um eine einfache und eindeutige Angelegenheit, sondern um die Differenz zweier normativer Programme.

Heute befinden wir uns in einer Situation, in der in den westlichen Ländern offiziell partikularistische ethische Programme fast vollständig von universalistischen Orientierungen abgelöst worden sind. Ideologische Partikularismen wie der Nationalismus gelten in jeder Hinsicht

32 Adam Smith: *Theory of Moral Sentiments*, III, 3

als atavistisch, als traditionalistische Restbestände, die schleunigst zu überwinden sind. Der humanitäre Universalismus ist heute zur dominanten Ideologie in den westlichen Ländern geworden, und viele Zeitgenossen halten ihn für schlechthin selbstverständlich. Dies führt allerdings zu Konsequenzen, die nicht alle Menschen für ebenso selbstverständlich halten werden.

b) Die Gleichheitsreligion

Ein zentrales Element des humanitären Universalismus ist das Postulat der Gleichheit aller Menschen, das sich zu einer fundamentalistischen Ideologie ausgeformt hat, die in den letzten Jahrzehnten große Teile Europas, vor allem Deutschlands ergriffen hat. Es handelt sich hierbei um eine religiöse Gewißheit, die wie jede andere religiöse Wahrheit nicht des Beweises bedarf. Das Dogma lautet: Alle Menschen sind gleich, auch wenn es offensichtlich ist, daß dieses Dogma im Gegensatz zur Realität steht. Der normative Satz: »Alle Menschen sind gleich« ist mit dem empirischen Befund: »Alle Menschen sind ungleich« inkompatibel. In einer solchen Situation verfährt man nach der Devise: »Um so schlimmer für die Tatsachen« und leitet daraus das Programm ab, alle Menschen einander anzugleichen.

Was für eine Bedeutung kann denn der Satz »Alle Menschen sind gleich« haben? Empirisch ist er ebenso wahr wie der Satz »Alle Äpfel sind gleich«. Natürlich gibt es große und kleine, rote und grüne, faule und gesunde, saure und süße, wurmstichige und intakte, haltbare und verderbliche, billige und teure, heruntergefallene und am Baum hängende, gekochte, gebratene, gedörrte und rohe Äpfel – doch haben alle diese Eigenschaften gemein, daß es sich um Eigenschaften von »Äpfeln« handelt.

Ist dies beim Menschen ebenso? Bedeutet also »Alle Menschen sind gleich« dasselbe wie »Alle Menschen sind Menschen«, d. h. alle gehören sie der Spezies *Homo sapiens* an? Nein, die Bedeutung geht weiter. In einer religiösen Dimension kann damit gemeint sein, daß alle Menschen »vor Gott gleich« sind, also von ihm in gleicher Weise begünstigt oder mißachtet werden. Das Alte Testament ist allerdings voller Berichte darüber, wie fundamental ungerecht Gott ist und wie er grundlos seine Gnade vergibt oder verweigert. Seit Kain war dies ein Grund der Rebellion des Verschmähten, der die »Gerechtigkeit« in die eigenen Hände nahm und die dem Egalitätsprinzip widersprechende Begünstigung Abels durch einen Gewaltakt kompensierte. Daher finden sich in der Bibel auch immer wieder Varianten des Neidverbots: »Du sollst nicht begehren«, nämlich das, was Gott dir in seiner fundamentalen Ungerechtigkeit vorenthalten hat.

Paradoxien ergeben sich auch, wenn wir die »politische« Dimension der Gleichheit ins Visier nehmen. Sie kann zwei verschiedene Bedeutungen haben: »Alle Menschen sind vor dem Gesetz gleich« und »Alle Menschen haben gleiche politische Rechte«. Der erste Satz scheint einfach und eindeutig zu sein. Wenn eine Person Eigentümer einer Sache ist und darüber in Konflikt mit einer anderen Person gerät, müssen sie in einem Rechtsstaat vor dem Gesetz als Gleiche behandelt werden. Eine privilegierte Behandlung der einen Person gegenüber der anderen wird als ungerecht angesehen. Die Personen dürften selbst, jenseits der Eigenschaft, Eigentümer der umstrittenen Sache zu sein, keine Eigenschaften haben. Auf der zivilrechtlichen Ebene scheint dies unproblematisch zu sein, obwohl auch hier in der konkreten Rechtsprechung durchaus unterschiedliche persönliche Eigenschaften (etwa Behinderung, Alter, Suchtverhalten etc.) eine Rolle spielen.

Im Strafrecht spielt dagegen der Satz »Alle Menschen sind vor dem Gesetz gleich« nur eine marginale Rolle. Hier gewinnen persönliche Eigenschaften des Angeklagten eine gravierende Bedeutung. Dies beginnt schon mit seinem Alter, das zur Strafunmündigkeit oder zum Urteil nach dem Jugendstrafrecht führen kann. Im einzelnen spielen dann persönliche Umstände eine wichtige Rolle: Zurechnungsfähigkeit, Absicht, Resozialisierungschancen, Traumatisierung etc. können als »mildernde Umstände« berücksichtigt werden. Sie hängen vollständig an der Person und nicht an der Straftat, d. h. vor dem Strafrecht sind nicht alle Personen in dem Sinne gleich, daß die gleiche Tat mit der gleichen Strafe belegt wird, sondern hier spielen Unterschiede, die in der Person liegen, eine entscheidende Rolle.

Der Kern der »politischen« Gleichheit liegt im allgemeinen und gleichen Wahlrecht, das sich in den Demokratien seit dem 20. Jahrhundert durchgesetzt hat. Ihm zufolge besitzen alle Staatsbürger (nicht: alle Menschen!) das gleiche Wahlrecht, ohne weitere Qualifikation. Eine Ausnahme bildet nur das Alter, ab dem gewählt werden darf, mit der problematischen Annahme, daß erst ab einem bestimmten Alter die politische Mündigkeit eintritt – also scheint Mündigkeit eine Voraussetzung für die Ausübung des Wahlrechts zu sein, doch begnügt sich der Staat mit der Festsetzung einer Altersgrenze und verzichtet auf eine genauere Prüfung, ob die Voraussetzungen der Mündigkeit tatsächlich vorliegen (oder ob diese aufgrund etwa von Demenz wieder verlorengegangen ist).

Der Weg zum allgemeinen und gleichen Wahlrecht in diesem Sinne war weit. Ältere republikanische Verfassungen haben die Ausübung des Wahlrechts an die Selbständigkeit gebunden, weshalb alle unselbständigen Angehörigen eines Haushalts, nicht nur die Kinder, sondern auch die Frauen und Bediensteten, nicht wählen durften. Auch konnte die Verknüpfung von Wahlrecht und Besteuerung in beide Richtungen gelesen werden: *No taxation without representation* lautete eine zentrale Forderung der amerikanischen Unabhängigkeitsbewegung. Diese Forderung konnte aber auch umgekehrt werden: *No representation without taxation*. Die logische Konsequenz dessen war die Definition von Eigentumsqualifikationen, wie sie in den meisten frühen republikanischen Verfassungen üblich war. Wer ein größeres Eigentum, vor allem immobiles Eigentum besaß, damit höhere Steuern zahlte und an den Staat stärker gebunden war, erhielt ein größeres Stimmrecht als derjenige, der mobil und verantwortungslos heute hier und morgen dort lebte.

Diese Art von Wahlrechtsbeschränkung konnte am leichtesten dem Egalitätsprogramm zum Opfer fallen. Innerhalb der Nationalstaaten setzte sich das Prinzip »One man – one vote« durch, wobei auch die Frauen unter den generischen Begriff »man« fallen. Allerdings setzte sich das allgemeine, geschlechtsunspezifische Wahlrecht erst im 20. Jahrhundert durch, zu einem Zeitpunkt also, als der Nationalstaat bereits in die Defensive und schließlich in die Auflösung geriet. Je mehr Fremde, also Nicht-Staatsbürger (Metöken) in einem Staat lebten, als desto ungerechter wurde die Beschränkung des Wahlrechts auf das Staatsvolk empfunden, und es kamen Forderungen auf, anstelle des

Staatsvolks die »Bevölkerung« zur Einheit des Staates zu erklären. Die Bevölkerung, das sind alle »Einwohner«, und nicht mehr die Summe der »Bürger«. Nimmt man dies ernst, transformiert sich der Staat von einer »Genossenschaft«, die aus einer genau definierten Zahl von Genossen besteht, in einen bevölkerten Raum, den man betreten oder verlassen kann, ohne daß dem bestimmte Regeln zugrunde liegen.

Wir sehen an diesen (aktuellen) Friktionen, daß auch das Konzept des »allgemeinen und gleichen Wahlrechts« unterhalb des Weltstaats in Konflikt mit dem Prinzip der Staatsbürgerschaft tritt, d.h. nicht mit dem radikalen Egalitätsprinzip zu vereinbaren ist. Aus egalitaristischer Perspektive kann es im Grunde eine Pluralität der Staaten nicht geben, da diese eine Pluralität der (Staats-)Völker voraussetzt. Diese Pluralität könnte nur in zwei Richtungen aufgelöst werden: Abschaffung des Staates oder Universalisierung des Staates. Das Programm einer Welt-Anarchie konvergiert hier also mit dem Programm einer Welt-Despotie. Die Gleichheitsreligion strebt danach, alle abstrakt-klassifikatorisch gleichen Menschen auch real gleich zu machen. Dies ist freilich im Alltag ein uneinlösbares Problem, da die Menschen in noch viel mehr Eigenschaften ungleich sind als die Äpfel. Sie sind alt und jung, groß und klein, gesund und krank, stark und schwach, dumm und gescheit, fleißig und faul, schön und häßlich, geschickt und tolpatschig, kreativ und konventionell, mutig und feige etc. pp. – zahlreiche Eigenschaften, die sich zu zahlreichen sozialen Positionen verfestigen können. Die komplexe Gesellschaft besteht ihrerseits aus einer Vielzahl ungleicher Elemente und Beziehungen, die jeweils von den ungleichen Menschen besetzt werden können mit der Folge, daß deren Ungleichheit steigt.

Das Programm der Egalisierung steht damit auf verlorenem Posten, doch scheint dies kein Hindernis dafür zu sein, es umso vehementer zu verfolgen. Wie kann man die Menschen real gleicher machen? Konkret geht dies nur, indem man den Begünstigten Hindernisse in den Weg legt. Den Dummen kann man nicht gescheit machen. Man kann aber alle Kinder zum Besuch von Inklusionsschulen verpflichten in der Hoffnung, daß damit der Abstand zwischen den Begabten und Unbegabten kleiner wird. Dies kann gelingen, doch wird dieser Abstand niemals verschwinden und zugleich beraubt sich eine solche Gesellschaft der Leistungen, die der geförderte Begabte erbringen könnte.

Die einfachste Form der Egalisierung ist der Zugriff auf Eigentum, da dieses in einem quantitativen Kontinuum liegt und daher beliebig geteilt werden kann. Daher ist die Konfiskation von Eigentum durch scharfe Besteuerung so beliebt. Sie gilt unter Anhängern der Gleichheitsreligion als Allheilmittel, weil sie zwei Ergebnisse zugleich verspricht: die Armen werden reicher und die Reichen werden ärmer. Der letztere Effekt ist dabei entscheidend. Die sozialistische Regierung Hollande hat in Frankreich eine 75-%-Steuer für die »Millionäre« eingeführt. Pro Kopf der Franzosen betrug das Aufkommen etwa 4 Euro im Jahr, war also verschwindend gering. Viel größer war aber der Schaden, den die Reichen von dieser Steuer hatten, und hier war die Schadenfreude also offenbar der eigentliche Nutzen.

Eigentum und Einkommen kann man umverteilen, doch zeigt schon der oberflächlichste Blick, daß dies zu enormen Kollateralschäden führt. Es war eine große intellektuelle Leistung von Karl Marx, die Sozialisten des 19. Jahrhunderts von dieser Fixierung auf die Verteilung abzubringen und ihre Aufmerksamkeit auf die Erwirtschaftung von Reichtum zu lenken. Er glaubte, der Sozialismus schaffe durch Sozialisierung die Voraussetzung für die Planwirtschaft, von der er vermutete, daß sie ökonomisch effizienter war als der Markt, den er als bloßen Notbehelf der ökonomischen Koordination unter den Bedingungen des Privateigentums ansah. Die »Expropriation«, von der er sprach, diente daher nicht primär der »gerechten Verteilung«, sondern vor allem der Herstellung einer produktiveren Wirtschaft. Marx wußte sehr genau, daß man Kapital nicht »verteilen« kann, im Gegenteil: die Pointe des Sozialismus bestand gerade in der vollständigen Konzentration durch Sozialisierung oder Verstaatlichung des Kapitals. Nach dem Zusammenbruch des Marxismus fällt die Linke wieder in den frühsozialistischen Modus des »Teilens« zurück, mit all den Kollateralschäden der Ineffizienz, über die wir mittlerweile Bescheid wissen.

Angenommen, der »Reichtum« ließe sich »gleich« verteilen. Würde damit die Gleichheit innerhalb der Gesellschaft steigen? Dies wäre nur auf den ersten Blick der Fall. Wesentlich wäre ein Sekundäreffekt, daß sich nämlich die Ungleichheit von der Ökonomie auf die Politik verlagern würde, daß also an die Stelle des Unterschieds zwischen Arm und Reich der von Mächtig und Ohnmächtig treten würde. Dies hätte aber einen hohen Preis. Ein wesentliches Merkmal der europäischen rechtsstaatlich organisierten Gesellschaften seit der frühen Neuzeit besteht darin, daß sich in ihnen Politik und Ökonomie differenzierten, mit der Folge, daß eine Pluralität von Ungleichheiten entstand, so daß man z. B. reich und ohnmächtig oder mächtig und (relativ) arm sein kann. Es ist diese Pluralität, die letztlich die entscheidenden Freiheitsspielräume schafft. Eine Eindimensionalisierung der Ungleichheit wäre bedrückend und ausweglos, wie wir aus der Kenntnis von Staaten wissen, in denen (wie heute in Nordkorea) ein solcher Primat der Politik besteht. Wenn man aus der Geschichte des Sozialismus im 20. Jahrhundert eines lernen kann, dann ist es die Tatsache, daß Sozialisierung von Privateigentum zwar die ökonomische Ungleichheit abbaut, dafür aber die politische Ungleichheit ins Extreme verschärft. Dies geschah überall, ist also offenbar eine Systemeigenschaft des Sozialismus.

Es gibt weitere Dimensionen der Ungleichheit, die von der politischen Egalisierung nur schwer erreicht werden können. Wichtig ist etwa die Ungleichheit in sexueller Hinsicht, die in Europa nach dem Zusammenbruch des christlichen Monogamiegebots dramatische neue Differenzen geschaffen hat. Die Monogamie hatte zum Ergebnis, daß jeder Mensch damit rechnen konnte, irgendwann einen Ehe- und damit einen Sexualpartner zu finden. Die dominant gewordene Promiskuität schafft dagegen neue Unterschiede. Es gibt die erfolgreichen Virtuosen, die beliebig viele Sexualpartner finden, und es gibt die (männlichen oder weiblichen) Mauerblümchen, die keinerlei Chancen haben. Dazwischen existiert natürlich ein enormes Übergangsfeld. Die sexuelle Ungleichheit kann in der multi-differenzierten Gesellschaft noch ein Stück weit durch Geld, Macht und Rang kompensiert werden. Schafft man die Eigentums- und Einkommensunterschiede ab (oder illegalisiert man die Prostitution), dann bleibt es bei der »natürlichen« Ungleichheit der sexuellen Attraktivität. Es ist kaum denkbar, daß die Gleichheits-Politik hier Modi der Umverteilung finden kann (höchstens im negativen Sinn von Hartleys *Facial Justice*).

Trotz dieser Paradoxien ist die Gleichheitsreligion heute eine starke ideologische und politische Kraft, vor allem in Deutschland. Ihr Hauptmerkmal liegt darin, daß sie den Augenschein von Ungleichheit nicht erträgt, sondern darangehen will, diese aufzulösen. In der Sicht ihrer Adepten sind alle Menschen auch in dem Sinne gleich, daß sie sich mit gleichem Recht überall niederlassen dürfen, mit der impliziten Konsequenz, daß sie vom jeweiligen Sozialstaat zu versorgen sind. Wenn die wie auch immer gefaßte formelle Gleichheit der Menschen materiell zu interpretieren wäre, so müßten in der Tat die Leistungen eines nationalen Wohlfahrtsstaats sämtlichen Menschen in der Welt zugute kommen können.

Betrachtet man dies etwas näher, so wird deutlich, wie abwegig die Konsequenzen wären. Heute liegt der deutsche Sozialetat etwa bei 800 Milliarden Euro im Jahr, also pro Person bei etwa 10.000 Euro. Wollte man dies auf die ganze Welt übertragen, so käme man auf eine Summe der Sozialleistungen von rund 75 Billionen Euro, also dem 25fachen des deutschen BIP. Oder nehmen wir an, daß etwa 1 Milliarde Menschen in absoluter Armut leben. Wollte man sie auf dem Niveau deutscher Sozialleistungen versorgen, müßte man pro Person etwa 5.000 Euro im Jahr aufwenden, das wären insgesamt etwa 5 Billionen Euro im Jahr, bei einem deutschen BIP von ca. 3,7 Billionen. Wollte man das gesamte deutsche BIP auf die Weltbevölkerung umverteilen, so erhielte jeder Mensch 500 Euro im Jahr. Wie immer man also rechnet, wird deutlich, daß eine materielle Gleichbehandlung aller Menschen durch einen einzelnen Staat, möge er auch wie Deutschland als reich erscheinen, zu zerstörerischen Konsequenzen führen müßte.

Die implizite Devise der materiellen Gleichheit lautet daher: »Armut und Bürgerkrieg für alle«, denn nur durch Nivellierung nach unten ist diese Gleichheit herzustellen. Die Migrationskrise, die wir heute erleben, ist ein Stück weit auf das Ideologem der materiellen Gleichheit zurückzuführen. Es gibt nicht wenige Personen, die Parolen wie *Refugees welcome* oder *Niemand ist illegal* vertreten, selbst wenn sie ahnen, daß deren Verwirklichung den Untergang der Welt impliziert, in der sie selbst leben. Sie sind als wahre religiöse Fundamentalisten zu diesem Martyrium bereit, und sie verlangen, daß alle anderen ebenfalls dieses

Kreuz auf sich nehmen. Vielleicht winkt dabei aber nicht nur Genugtuung und gesteigerte Selbstzufriedenheit, sondern auch die Aussicht auf Machtgewinn?

Dies wird im Programm der Partei »Die Linke« besonders deutlich. Es enthält in bewährter demagogischer Manier eine Fülle von Versprechungen alles Wünschbaren, und zugleich möchte man die Menge von Menschen, denen diese sozialen Wohltaten zugute kommen sollen, nicht begrenzen. »Schutzsuchende dürfen nicht abgewiesen werden. Wir fordern offene Grenzen für alle Menschen.«[33] Diesen Menschen müssen, da sie sich nicht von den Staatsbürgern unterscheiden, sämtliche »Rechte« zukommen, einschließlich des aktiven und passiven Wahlrechts, also die vollständige »soziale und politische Teilhabe«. De facto würde dies die Auflösung des Staates »Bundesrepublik Deutschland« bedeuten.

Laut Gunnar Heinsohn wollen aus dem »Islambogen« und aus Afrika zur Zeit rund 240 Millionen Menschen auswandern. Um 2050 sollen es etwa 1,1 Milliarden sein.[34] Wenn dies aktuell werden sollte, müßte sich die Bevölkerung Europas von derzeit 510 Millionen in den nächsten Jahrzehnten verdoppeln. Wie dies ohne gewaltige ökonomische und soziale Konflikte und Zusammenbrüche geschehen soll, bleibt das Geheimnis derjenigen, die für eine unbegrenzte Einwanderung plädieren. Wenn man nicht an ihrem Verstand zweifeln will, muß man unterstellen, daß sie verborgene Ziele verfolgen, etwa in der Hoffnung, daß ihnen nach der Devise »je schlechter, desto besser« in dem zu erwartenden Chaos Machtchancen zuwachsen.

Viele Zeitgenossen, vor allem im journalistisch-intellektuellen Milieu, nehmen die Invasoren als »Menschen« wahr, die sie nicht mehr von anderen Menschen unterscheiden wollen. Was prinzipiell für Menschen gilt (Menschenrechte, Menschenwürde), gilt für alle Menschen, und in diesem Fall ist man sogar bereit, massive Nachteile in Kauf zu nehmen, vielleicht auch in der Hoffnung, daß man sich selbst dem entziehen und die Kosten auf andere abwälzen kann.

Der griechische Philosoph Panajotis Kondylis hat kurz vor seinem Tod von der »utopischen Komponente der westlichen Verheißung«

33 https://www.die-linke.de/partei/dokumente/programmderparteidielinke/

34 http://www.theeuropean.de/gunnar-heinsohn/10690-wer-sind-die-guten-einwanderer

gesprochen, die nach dem Zusammenbruch des Kommunismus die intellektuelle Szenerie und die mediale »Öffentlichkeit« in Europa dominiert: »Sechs, acht oder zehn Milliarden Menschen sollen pro Kopf so viel konsumieren wie die Seligen im hochindustrialisierten Erdteil und sich niederlassen dürfen, wo sie wollen. Denn eiskalter kommerzieller Sinn und zartbesaitete konsensual-kommunikative Kultur werden gleichermaßen zur Abschaffung von Grenzen und Kriegen beitragen.«[35]

Kondylis weiß, daß es sich hierbei um eine utopische Vision handelt, die alle früheren Utopien verblassen läßt. »Die heutige westliche Zukunftsvision ist von ihrem universalen Umfang und ihrem materiellen Gehalt her an Radikalität kaum zu überbieten.« Und diese Radikalität liegt auch darin, daß diese Vision für schlechthin selbstverständlich gehalten wird, mit dem Effekt, daß man alle, die daran zweifeln, als finstere Reaktionäre ansieht. Dies ist nur möglich, weil diese (im Kern realitätsferne) Vision ethisiert, also zur »Wertfrage« verklärt wird. Wer sie bezweifelt, ist nicht Skeptiker oder Realist, sondern bösartig (Rassist, Nazi etc.).

Kondylis stellte auch eine Verbindung zwischen diesem ideologischen Muster und seinen sozialen Voraussetzungen her: eine hochdifferenzierte und effiziente Massenproduktion (mit sozialstaatlicher Absicherung), die es erlaubt, die Individuen zu atomisieren und mit Konsumgütern zu versehen. Die dominanten »Werte« der Selbstverwirklichung, Toleranz, Großzügigkeit und Konsensbildung sind Begleiterscheinungen dieses materiellen Musters – das seinerseits aus einer postmateriellen »Werteperspektive« als nackte »Kommerzialisierung« etc. ins Visier genommen wird. »Man will das Fleisch ohne die Knochen haben.« Die Leistungen, die dieser abstrakte, zentralisierte, verrechtlichte und funktional-dynamische Gesellschaftszustand bietet, hält man für selbstverständlich und kann daher daran gehen, seine Voraussetzungen zu unterminieren, sich also etwa gegen den »Neoliberalismus« zu wenden.

Prinzipiell konstatiert Kondylis aber in diesem Zusammenhang: »Intellektuelle waren und sind nicht dazu da, die Mechanismen der Heterogonie der Zwecke in der Geschichte in wissenschaftlicher Absicht zu durchschauen, sondern die ideologischen Stichworte zu liefern, die diese Mechanismen in Gang setzen.«[36] Damit mag er recht haben. Wem obliegt es aber dann, die »Mechanismen der Heterogonie« zu durchschauen? Wissenschaftlern? Philosophen? Oder gar Politikern? Und worin unterscheiden sich diese prinzipiell von Intellektuellen? Oder weiß dies niemand, und alle taumeln daher, betäubt von ideologischen Tinkturen.

Wir haben in der gleichheitsreligiösen Orientierung einen typischen Fall von Gesinnungsethik im Sinne von Max Weber vor uns. Gesinnungsethisch ist die direkte bedingungslose Übertragung ethischer, hier also universalistischer Prinzipien auf die Politik, ohne auf die Folgen zu schauen. Es findet keine Abwägung divergierender Normen und Interessen statt, es fehlt »die geschulte Rücksichtslosigkeit des Blickes in die Realitäten des Lebens, und die Fähigkeit, sie zu ertragen und ihnen innerlich gewachsen zu sein«.[37] Dies kann implizieren, daß einzelne ethische Prinzipien oder humanitäre Normen, die immer in einem Spannungsverhältnis zu anderen Prinzipien und Normen stehen, verabsolutiert werden, nach der Devise *fiat iustitia et pereat mundus.*

Allerdings hat einer solchen Haltung gegenüber schon 1803 Thomas Jefferson eingewandt: »To lose our country by a scrupulous adherence to the written law, would be to lose the law itself, with life, liberty, property and all those who are enjoying them with us; thus absurdly sacrificing the ends to the means.«[38] Der ehemalige Chefankläger in den Nürnberger Prozessen, Robert H. Jackson, hat dafür die klassisch gewordene Formulierung gefunden, die »constitutional Bill of Rights« sei kein »suicide pact«.[39] Einzelne Rechtsprinzipien, etwa die Meinungsfreiheit, dürfen nach Jackson nicht absolut gesetzt werden, wenn die Folge davon Anarchie ist.

Wir haben somit einen grundlegenden Gegensatz von humanitärem Universalismus, wie er in Begriffen von generell geltenden »Menschenrechten« ausgedrückt wird, und den Überlebenschancen konkreter

35 Panajotis Kondylis: *Das Politische im 20. Jahrhundert. Von den Utopien zur Globalisierung*, Heidelberg 2001, S. 41

36 Ebd., S. 43

37 Max Weber: *Politik als Beruf*, in: *Gesammelte politische Schriften*, Tübingen 1988, S. 558

38 Paul Brest et al.: *Processes of Constitutional Decisionmaking: Cases and Materials*, New York 2006, S. 65–67

39 im Fall »Terminiello v. Chicago«, 1949

politischer Ordnungen vor uns. Wenn die »Menschenrechte« als vorbehaltlos geltende Individualrechte wahrgenommen werden, kann dies jede »demokratische« Ordnung sprengen, da diese ja immer nur für eine Partikularität, für eine »Nation«, ein »Volk« oder eine »Bürgerschaft« gilt. In dieser Situation tritt daher gewöhnlich das politische Interesse am Überleben des Gemeinwesens in den Vordergrund. Nur der Prinzipienreiter sieht keine Obergrenze und glaubt, einzelne Bestimmungen der Menschenrechte besäßen absoluten Charakter, müßten also auch um den Preis des Untergangs verfolgt werden.

Ein altes Rechtsprinzip lautet *ultra posse nemo obligatur*, d.h. jede Verpflichtung hat ihre Grenze dort, wo die Selbstzerstörung begänne. Das Leben wie auch das Überleben des politischen Gemeinwesens hat einen Vorrang vor abstrakten Rechtsprinzipien, auch wenn es einzelnen freistehen mag, den Selbstmord zu wählen. Die politische Führung ist dazu jedoch nirgendwo ermächtigt. Man kann, wenn man will, die andere Wange hinhalten; die Regierung darf jedoch nicht die Wange des Volkes hinhalten, das sie gewählt hat. Dies ist jedenfalls die Bedeutung der zitierten Sätze von Jefferson oder Jackson. In der politischen Wirklichkeit führt dies zu Spannungen, die in der Regel mit einem gewissen Maß an Rhetorik zu bewältigen sind. Diese Probleme treten jedenfalls in allen westlichen Ländern auf, und alle versuchen, mehr oder weniger erfolgreich, ihre Identität zu wahren. Selbst Schweden, das bereits im 18. Jahrhundert aus der aktiven Geschichte ausgestiegen ist und sich seitdem in der Rolle des moralischen Lehrmeisters gefällt, hat Anfang 2016 angesichts der Massenimmigration die Notbremse gezogen.

c) Die Politik des Verschwindens

Eine große Ausnahme bildet Deutschland, wo sich eine breite Gesinnungsfront formiert hat, die das gesamte im Bundestag vertretene politische Spektrum umfaßt wie auch den größten Teil der Medien. Von außen ergibt sich der Eindruck, Deutschland habe sich in einen Hippie-Staat verwandelt,[40] einen politischen Kindergarten, in dem die reine Gesinnung gegenüber der politischen Vorausschau und Rationalität den Sieg davongetragen hat. Diese umfassende politische Stimmung der »guten Menschen« in Deutschland trägt inzwischen geradezu totalitäre

Züge. Alle Abweichler, die auf die Folgen hinweisen und skeptische Einwände hervorbringen, werden als »Rassisten«, »Pack«, »Dunkeldeutschland« etc. stigmatisiert. Eine offene rationale Debatte ist im Milieu des »herrschaftsfreien Diskurses« nicht mehr möglich.

Wie konnte das geschehen? Wie konnte ein ganzes Land (nicht zum ersten Mal in seiner Geschichte) jede politische Vernunft, jeden Pragmatismus und jeden Common Sense über Bord werfen? Wie konnte dieses Volk von Geisterfahrern zugleich meinen, es vertrete die einzig legitime Position, während der Rest der westlichen Staaten im Irrtum oder in der Unmoral befangen bleibt? Wollte die Welt sich wirklich noch einmal weigern, am deutschen Wesen (der beim Wort genommenen universalistischen Moral) zu genesen?

Der mentale Hintergrund für diese merkwürdige Verirrung liegt wohl in der deutschen Vergangenheit, in den Verbrechen des Nationalsozialismus und in den Versuchen, diese moralisch zu bewältigen. Die Deutschen erfahren sich seit 1945 als singuläres Tätervolk, und je intensiver die Versuche der Besserung waren, desto unerbittlicher wurden die Anklagen, von innen wie von außen. Wer möchte unter diesen Bedingungen ein Deutscher sein? Dazu ist schon eine gehörige Portion von Masochismus erforderlich. Die meisten Deutschen, vor allem im intellektuellen Milieu, möchten daher als Volk verschwinden, d. h. sie möchten sich in »Europa« oder gar in der »Menschheit« auflösen. Wenn es keine »Völker« mehr gibt, sondern nur noch »Menschen«, dann gibt es auch keine Deutschen mehr, die Erlösung vom schmutzigen Deutschtum hat also erfolgreich stattgefunden. Dieses Motiv findet sich, in je unterschiedlichen Formulierungen, im gesamten politischen Spektrum, vom linksradikalen Kampfruf »Deutschland verrecke« bis hin zu harmloseren Varianten, etwa der Ersetzung des Begriffs »Volk« durch »Bevölkerung« seitens der Bundeskanzlerin.

Die Deutschen befinden sich hier jedoch in der vertrackten Lage, daß der Wunsch nach Negierung der eigenen Identität nicht zur völligen Aufgabe eines Identitätsprogramms führen darf, also in die erwünschte

40 So der britische Politologe Anthony Glees im Deutschlandfunk, 8. September 2015; http://www.deutschlandfunk.de/deutschland-und-die-fluechtlinge-wie-ein-hippie-staat-von.694.de.html?dram: article_id=330441

Auflösung ihrer nationalen Gruppenzugehörigkeit in die abstrakte Relation von »Menschheit« und »Individuum«. Der Deutsche muß deutsch bleiben, sofern er an der »Erinnerungskultur« des Nationalsozialismus zu partizipieren hat, die ihm eine besondere »Verantwortung« auflädt. Er steht also in der Paradoxie, einerseits jede völkisch-tradierte Identität strikt abzulehnen, sie zugleich aber in Hinblick auf den Nationalsozialismus akzeptieren zu müssen. Damit gerät er in ein scharfes Spannungsverhältnis zwischen identitätsloser Pluralität im Sinne der Orientierung auf eine humanitäre Weltgesellschaft einerseits, und der harten, irreversiblen tribalen Identifikation mit seiner verbrecherischen Vergangenheit, die er nicht abstreifen darf (Verbot des Vergessens, Pflicht zur Erinnerung).

Die Struktur dieser Paradoxie wird deutlich, wenn man den Doppelcharakter der Verbrechen des Nationalsozialismus als »Holocaust« und »Shoah« ins Visier nimmt.

1. Als *Holocaust* steht der nationalsozialistische Völkermord für einen fundamentalen und extremen Verstoß gegen das Prinzip des humanitären Universalismus. Die *ultima ratio* einer Leugnung des Prinzips universeller Menschenrechte wird sichtbar, wenn ein Teil der Menschheit einen anderen Teil der Menschheit zu Un-Menschen erklärt und an dessen physische Ausrottung geht. »Auschwitz« oder »Hitler« stehen für die totale, historisch real gewordene Negation der Menschenwürde. Mit Hitler und seinen Komparsen sind der säkularisierte Teufel und das Personal der Hölle leibhaftig auf der Erde erschienen. Dieser Teufel hat eine singuläre Tat vollbracht, die Massenvernichtung der Juden, die zugleich eine Leugnung der Humanität ist. Hitler hat allerdings nicht »den Menschen« in allgemeiner Form, sondern in seiner Konkretion als »Jude« vernichtet. Gerade dieser Versuch der Vernichtung einer (völkisch-rassischen) Besonderung, der Juden, im Namen einer anderen (völkisch-rassischen) Besonderung, der Deutschen, ist aber das extremste Dementi des humanitären Universalismus bzw. der Idee der Menschheit und ihrer unveräußerlichen Rechte. Mit dem nationalsozialistischen »Faschismus« ist daher der Anti-Mensch aufgetreten, so daß der »Anti-Faschismus« zur Religion des Menschen werden kann, die ihre Symbole in eben dieser Negation des Menschen findet.

Die ermordeten Juden repräsentieren daher als Opfer eine übervölkische, nicht-partikularistische Maxime: »Du sollst den Menschen als Menschen und nicht nur als Angehörigen einer spezifischen (Volks-) Gruppe ansehen.« Der Völkermord ist die äußerste logische Konsequenz und damit die praktische Widerlegung des völkischen Prinzips, das in diesem Extrem *ad absurdum* geführt wird. Seine mythische Präsenz in der Erinnerung mahnt daher zur Einhaltung des Gebots des Humanitarismus und der Menschenrechte.

Diese symbolische Ernsthaftigkeit erklärt den Eifer, mit dem jede »Historisierung«, »Relativierung« und »Vergleichbarkeit« des Holocaust bekämpft wird. Der Historiker Wolfgang Reinhard hat dies auf eine deutliche Formel gebracht: »Der Massenmord an den Juden ist kein Text«,[41] das heißt, die postmoderne Dekonstruktion stößt hier an eine harte Grenze. Wer »Auschwitz« relativiert, relativiert die totale Unmenschlichkeit und somit die Integrität des Menschen. Damit würde aber das einzig Absolute, das eine von Relativismen und Perspektivismen aller Art geprägte aufgeklärte Kultur besitzen könnte, ebenfalls relativiert. Die Festschreibung des Auschwitz-Ereignisses als »Mythos«, das heißt als sich der Diskussion und Relativierung entziehende Wahrheit, kann daher als das Bestreben verstanden werden, einer skeptischen Welt Gewißheiten zurückzugeben. Allerdings sind diese letzten Gewißheiten selbst bloß historischer, also faktischer, nicht etwa rationaler oder spiritueller Natur. Sie liegen in dem begrundet, was die Gerichte als »offenkundige Wahrheiten« bezeichnen, als Wahrheiten also, die nicht mehr des Beweises bedürfen.

2. Als *Shoah* steht der nationalsozialistische Völkermord für die Katastrophe des jüdischen Volkes, also für die Unentrinnbarkeit der ethnischen Identität der Juden. Er demonstriert allen Juden, daß ihre Assimilation, also die Auflösung des Judentums in eine allgemeine Menschheit (oder auch nur in die deutsche Nation), nicht irreversibel und somit im Grunde nicht möglich ist. Indem die Shoah aber die ewige Besonderheit des Judentums dokumentiert, ist sie zugleich die Katastrophe des humanitären Universalismus. Sie lehrt, daß Juden

41 Wolfgang Reinhard: »Geschichte als Delegitimation«, in: *Jahrbuch des Historischen Kollegs*, Freiburg 2002, S. 36

immer Juden bleiben und daß sie ihr Judentum nicht ablegen oder leugnen können. Daher ist sie gerade am Beispiel deutschnationaler Juden so überzeugend: Man konnte als Jude nicht Deutscher werden, sondern mußte erleben, daß man trotz aller Anstrengungen Jude blieb. Diese Erfahrung könnte aber dahingehend verallgemeinert werden, daß ethnische Identitäten überhaupt nicht restlos durch Assimilation aufzulösen sind.

Hitler hat die Juden im Namen der Deutschen vernichtet, das heißt, er hat aus der abstrakten, undifferenzierten »Menschheit« zwei Völker herausgehoben, die sich dadurch vom profanen Rest der Menschheit unterscheiden, daß sie komplementär den Charakter des Absoluten besitzen. Sie sind absolute Täter und absolute Opfer. Diese Unterscheidung hat erhebliche Konsequenzen für das Programm des humanitären Universalismus. Die Menschheit enthält damit nämlich zwei prinzipielle Elemente unauflösbarer Besonderheit: ein negativ auserwähltes Volk, die Deutschen, und ein positiv auserwähltes Volk, die Juden.

Hitler ist damit etwas gelungen, womit er vermutlich selbst nicht gerechnet hat. Er hat für alle Zeiten den Deutschen und den Juden eine komplementäre Sonderrolle zugewiesen, die aus dem Gedächtnis der Menschheit nicht verschwinden wird, solange es Deutsche und Juden gibt. Dies hat jedoch eine letzte paradoxe Konsequenz. Das Projekt einer homogenen Menschheit kann so lange nicht verwirklicht werden, wie es nicht gelingt, diese beiden hartnäckigsten Restposten ethnischer Besonderheit zu assimilieren.[42] Einer Assimilation der Deutschen und der Juden steht jedoch die historische Struktur des Auschwitz-Mythos entgegen, dessen Kern ja gerade in der Rebellion des Besonderen gegen das Allgemeine liegt. Philosemitismus und Antigermanismus werden daher vielleicht Klippen sein, an denen das Projekt des humanitären Universalismus scheitern wird.

Es gibt durchaus Beispiele dafür, daß der Antifaschismus zu Konsequenzen führt, die seinen Intentionen diametral entgegengesetzt sind. So steht die verbreitete Rede von der Verantwortung »der Deutschen« für die NS-Verbrechen in Kontrast zu der gleichzeitigen Empfehlung, sich einem bloßen »Verfassungspatriotismus« zuzuwenden oder gar sich in »Europa« oder der »Weltgesellschaft« aufzulösen. Wenn der

Patriot aber einer sein soll, der sich aus Vernunftgründen zu einer Verfassung als seinem selbstgewählten Vaterland bekennt – was hat er dann mit Ereignissen zu tun, die Jahre vor Inkrafttreten dieser Verfassung in ihrem späteren Geltungsbereich geschehen sind? Das Pochen auf »Verantwortung« unterstellt offenbar, daß es unterhalb der Verfassung ein historisches Subjekt geben muß, welches man in früherem Sprachgebrauch als »Volk« bezeichnet hätte. Nolens volens bekräftigt der Antifaschismus daher die nationale Kontinuität und Identität der Deutschen, wenn auch mit negativem Vorzeichen. Man weiß aber, wie leicht ein Vorzeichen zu wechseln ist, ohne daß sich der absolute Betrag ändern müßte.

Dennoch sollte man nicht übersehen, daß hier eine spezifische Asymmetrie vorliegt: Die Juden sind schon lange, im Grunde seitdem sie sich als Volk verstehen, von Gott auserwählt gewesen, und zu dieser Auserwähltheit haben schon immer auch das Leid, die Verfolgung und der Massenmord gehört. Haman und das Perserreich, das Ägypten der Pharaonen, das Babylon Nebukadnezars und das Römische Reich – sie alle sind untergegangen, während die Juden weiterhin existieren. Weshalb sollte diese Asymmetrie sich nicht auch in Hinblick auf die Deutschen fortsetzen? Die Deutschen hassen sich wegen der Verbrechen ihrer Großväter, und am liebsten würden sie verschwinden, sich also in die Menschheit oder »Europa« auflösen. Daher leisten sie auch keinen Widerstand gegen Immigration und Überfremdung, im Gegenteil: Sie heißen die Invasoren willkommen, von denen sie erwarten, daß sie sie von ihrem lästigen Deutschtum erlösen werden.

Und dies wird in der Tat geschehen. Schon heute haben in deutschen Großstädten wie München rund 50 % der Jugendlichen einen »Migrationshintergrund«, und diese Relation wird sich durch die aktuelle Masseneinwanderung sehr verschärfen. Wird es in hundert Jahren noch (ethnisch) Deutsche geben? Sicherlich werden auf dem geographischen Gebiet Deutschlands noch Menschen leben, und vielleicht werden sie ihre Staatsbürgerschaft auch noch als deutsch bezeichnen (vielleicht auch als europäisch). Aber wer will unterscheiden, wie viele von ihnen

42 Hier liegt eine formale Analogie zur christlichen Eschatologie des Mittelalters: Das Zweite Kommen Christi wird erst eintreten, wenn der letzte Jude zum Christentum konvertiert ist.

Abkömmlinge von Menschen sind, die möglicherweise Zeitzeugen, wenn nicht Akteure von Verbrechen waren, die fast zweihundert Jahre früher stattgefunden haben? Viele Nachkommen jener Zeitgenossen des Nationalsozialismus werden ausgewandert sein, in die USA, nach Kanada oder sonstwohin, sie werden sich dort mit Menschen von anderer Herkunft vermischt haben – will man dann in zweihundert Jahren noch genetisch bestimmen, ob jemand ein Viertel-, Achtel- oder Sechzehnteldeutscher ist? Wird man seinen Anteil an »Schuld« oder »Verantwortung« danach berechnen? Das ist eine abwegige Vermutung. Die Asymmetrie der Beziehung von Holocaust und Shoah kann also dazu führen, daß das Holocaust-Muster für die Deutschen gilt, die verschwinden bzw. sich auflösen werden, während das Shoah-Muster für die Juden gilt, die daraus einen Ansporn zur Identitätsbewahrung finden. Die Katastrophe des Völkermords kann also ein paradoxes Resultat haben: Sie führt zum Verschwinden des einen und zur Identitätsstärkung eines anderen Volkes. Hat dies eine universelle Konsequenz? Vermutlich nicht. Vielleicht wird jedes Volk sich aussuchen, ob es sich lieber am Muster des Holocaust oder am Muster der Shoah orientieren will. Und wenn dies so ist, würde man wohl eher auf die Shoah als auf den Holocaust wetten, wenn es um die zukünftige Verteilung dieser Orientierungen geht.

Das Zeitalter der Völker muß daher in Europa nicht unbedingt seinem Ende entgegengehen, und dies muß nicht einmal in Deutschland geschehen. Man kann sich einen Verlauf der Immigration vorstellen, der genau das Gegenteil der universalistischen Utopie bewirkt, auf die deutsche Intellektuelle heute setzen. Die Menschen, die einwandern, entstammen entweder selbst tribalen Gesellschaften, oder sie konstituieren infolge der Einwanderung neue tribale Einheiten. Dieses Muster können wir schon in der amerikanischen Geschichte beobachten. Die Sklaven, die aus Afrika nach Amerika gebracht wurden, entstammten ja nicht einer gemeinsamen »afrikanischen Kultur« – die hat es niemals gegeben –, sondern unterschiedlichen Stämmen, die nichts miteinander zu tun hatten. Erst in Amerika verschmolzen sie zu einem neuen Stamm der »Afro-Americans«, der eigene kulturelle Merkmale hervorbrachte. Ähnliche Prozesse lassen sich auch unter den Latinos in den USA beobachten.

Die Einwanderer nach Europa werden dort nicht bloße »Individuen« bleiben, noch werden sie einfach zu »Deutschen«, »Franzosen«, »Belgiern« etc. werden, was immer für einen Paß sie besitzen. Sie werden sich vielmehr als neue tribale Einheiten konstituieren, unter Rückgriff auf ihre geographische Herkunft, auf ihre Religion oder auf ihre (neue) ideologisch-kulturelle Orientierung. Die europäischen Länder (so auch Deutschland) werden daher nicht nur von ihrem jeweiligen »Staatsvolk«, sondern auch von anderen Völkern bewohnt werden. Es ist zu erwarten, daß diese Multitribalisierung Abwehrreaktionen der indigenen Bevölkerungsgruppen provoziert, die diesen Prozeß als Identitätsgefährdung interpretieren und dagegen protestieren. Es fragt sich nun, in welchem Namen sie dies tun. Vielfach artikulieren sie ihre Abwehr unter Berufung auf ältere partikulare Traditionen (etwa »Christentum« oder »Abendland«), wie dies die deutschen Pegida-Demonstranten tun, oder auch auf die Nation wie in Frankreich oder Großbritannien. Der universalistische Mainstream interpretiert dies seinerseits als Ausdruck der Tribalisierung, so daß er die paradoxe Unterscheidung trifft zwischen legitimer Tribalisierung (Islam) und illegitimer Abwehr dieser Tribalisierung (Pegida).

Man wirft also den Protestierenden vor, Unterscheidungen zu treffen und Gruppen auszugrenzen, und damit trifft man selbst Unterscheidungen und grenzt Gruppen aus. Der Kern dieser Paradoxie liegt darin, daß der humanitäre Universalismus im Grunde nur »Menschen« kennt, die in ihrer Substanz gleich sind, d. h. deren Differenzen (etwa ihre tribale Kultur) kontingenter Natur und im Medium des Universalismus reine »Privatsache« sind. Dies gilt etwa für die Religion: Jeder kann jeden beliebigen Unsinn glauben, solange er daraus keine praktischen Konsequenzen zieht, die sich von denjenigen gravierend unterscheiden, die der Universalismus vorschreibt. Er kann also darauf verzichten, Schweinefleisch zu essen, doch darf er andere nicht davon abhalten, dies zu tun. Für Drogenkonsum gilt dies allerdings nicht.

Der humanitäre Universalist steht damit vor dem Problem, daß er den humanitären Universalismus als selbstverständlich unterstellt, etwa als Katalog der »Menschenrechte«, so daß die jeweilig andere Kultur nur innerhalb der Spielräume agieren darf, die er offen läßt. Damit ist aber die Anerkennung des humanitären Universalismus als überlegene Ideologie vorausgesetzt, als Gebot der Vernunft etwa. Dies gilt dann auch für ihre Institutionen, also für ihr Rechtssystem, das der Scharia übergeordnet ist, oder für das Gewaltmonopol des Staates, das die Fehde und die Selbstjustiz verbietet. Aus der Perspektive der Tribalgesellschaft handelt es sich hierbei natürlich um eine Anmaßung, die man sich nur so lange gefallen läßt, wie der humanitäre Universalismus und der mit ihm verbundene Rechtsstaat stärker ist als man selbst. Wenn sich die Kräfteverhältnisse ändern, kann man den Spieß umdrehen, und man beginnt mit Akten der Einschüchterung. Dann werden die humanitären Universalisten selbst zu einem bedrohten Stamm.

Wird Europa deutsch? Das kennzeichnende Element des deutschen Denkens und Fühlens seit der zweiten Hälfte des 20. Jahrhunderts war der Selbsthaß, aus dem die »Kunst des Verschwindens« hervorging. Deutsch sein heißt, an seiner Auflösung zu arbeiten. Dies geschieht etwa in der systematischen Vernichtung der Tradition. »Europäisch« und damit deutsch waren bis ins 20. Jahrhundert hinein die kulturellen Säulen Antike und Christentum. Jeder »Gebildete«, der beanspruchte, an der kulturellen Identität Europas zu partizipieren, kannte die klassischen und die biblischen Texte. Das ist heute vorbei. Diese Texte werden heute in den Schulen nicht mehr gelehrt. Das Bildungswesen ist vielmehr auf die Aneignung von »Kompetenzen« ausgerichtet, nicht aber von Traditionen (die eigentlich das »kulturelle Gedächtnis« und damit die Identität prägen). Die eigentümliche europäische Tradition ist damit in das Dunkel des Vergessens zurückgesunken. Dies wird etwa in einfältigen Politikersprüchen deutlich, »der Islam« gehöre zu Deutschland oder zu Europa – ein Zeugnis blanken Unwissens und totaler Bewußtlosigkeit, was die europäische Identität betrifft.

Deutschland steht insofern an vorderster Front dieses europäischen Identitätsverzichts, als hier das »kulturelle Gedächtnis« in extremster Weise negative Züge angenommen hat. Die »deutsche Vergangenheit« ist auf die Verbrechen des Nationalsozialismus geschrumpft, und die Mahnung zur »Erinnerung« bezieht sich auf diese Verbrechen. Verallgemeinert man dies ein wenig, so kann der Antisemitismus des

Holocaust zum Rassismus der Kolonialzeit universalisiert werden, und somit können alle Europäer (inklusive der Juden) an dem damit verbundenen Schuldgefühl und dem daraus resultierenden Selbsthaß partizipieren. Schon das Beharren auf Identität, also etwa die Abwehr von Einwanderern aus fremden Kulturen, wird als »Rassismus« qualifiziert und kann einen in den Abgrund von »Auschwitz« abstürzen lassen.

Europa (selbst die Schweiz) kann Deutschland in der Kunst des Verschwindens nachfolgen. Deutschland schafft sich ab – Europa schafft sich ab – alle verschwinden im Strudel des abstrakten Universalismus. Der »europäische Sonderweg« liegt in diesem Verschwinden. Europa hat die moderne Welt geschaffen – wird die Welt ihm auf dem Pfad des Verschwindens folgen? In Rußland, China, Japan oder im islamischen Raum sieht es nicht danach aus.

2. DEMOKRATIE ODER TECHNOKRATIE

In der europäischen Tradition des politischen Denkens wurden drei Grundformen der Regierung unterschieden, die jeweils eine positive und eine negative Variante besaßen. Es handelte sich hierbei um Monarchie, Aristokratie und Demokratie, deren Kehrseite Tyrannis, Oligarchie und Ochlokratie waren. Die negative Variante entstand immer durch »Degeneration« der positiven, vor allem durch »Korruption«, also durch das Vordringen von Egoismus und den Verlust der gemeinwohlorientierten Tugend.

In der klassischen Tradition galten alle reinen Formen der Regierung, also Monarchie, Aristokratie und Demokratie, für verderblich, da in ihnen die Tendenz zur Verschlechterung, zum Abkippen in die korrupte Form angelegt war. Die Monarchie galt vielfach auf den ersten Blick als die beste Regierungsform, da in ihr der »gute König« herrschte, der das Gemeinwohl im Sinn hatte und zugleich eine umfassende Handlungskompetenz besaß. Er wollte also das Gute und war auch in der Lage, dementsprechend zu handeln – was will man mehr. Allerdings gab es keine Garantie dafür, daß der gute König gut blieb. Sollte er böse und egoistisch werden, verwandelte er sich in einen Tyrannen, der gerade durch die Fülle seiner Macht besonders gefährlich und schädlich war.

Analoges galt für die beiden anderen Regierungsformen. Die Herrschaft einer Minderheit konnte von einer Aristokratie tugendhaft ausgeübt werden, sie konnte aber auch zur Oligarchie oder Plutokratie werden, zur Herrschaft einer Koterie von Personen, die das Gemeinwesen für ihre eigenen privaten Zwecke mißbrauchten. Analog galt dies für die Demokratie, die auf der Herrschaft des vernünftigen und tugendhaften Volkes beruhte, jedoch instabil war, da auch das Volk maßlos und korrupt werden konnte. Die meisten Autoren plädierten daher für gemischte Regierungsformen, in denen sich die einzelnen Herrschaftssubjekte in Schach halten konnten. Dies konnte als gemischte Verfassung gedacht sein (etwa im republikanischen Rom die Konsuln als Wahl-Monarchen, der Senat als Aristokratie und die Volksversammlung bzw. die Volkstribunen als Ausdruck der Demokratie), oder als »Gewaltenteilung«, die ebenfalls die Vorherrschaft einer korruptionsgefährdeten Regierungsform verhindern sollte. Die reine Demokratie wurde in der älteren politischen Tradition aber negativ gesehen. Für Kant etwa galt sie als Ausdruck der Tyrannei (der Mehrheit).

Diese Einsichten sind keineswegs überholt. Die Demokratie ist grundsätzlich vom Abkippen in die Ochlokratie bedroht, und dies ist eine Erfahrung, die wir auch in der Gegenwart machen können. In ochlokratischen Zuständen werden immer nur ganz kurzfristig angelegte Entscheidungen getroffen, und es wird alles vermieden, was für das Elektorat (abgesehen von schlecht organisierten Minderheiten) schmerzhaft sein könnte. Die Ochlokratie hat sich im Medium des Wirtschaftswachstums entfaltet, und ihre Vertreter halten dieses für eine Art natürliches Recht, vor allem dann, wenn es nicht mit Anstrengung verbunden ist, sondern z. B. mit Gelddrucken oder »Steigerung der Nachfrage« erreicht werden kann. Diese Ochlokratisierung der Demokratie ist ein Produkt des »Wirtschaftswunders« in der zweiten Hälfte des 20. Jahrhunderts, einer Zeit also, die von einer Kombination von Bürgerschafts- und Sozialstaatsrente geprägt war.

Ein Grundprinzip der Ochlokratie lautet, daß der Wähler begünstigt, der Nicht-Wähler aber belastet wird. Die Wählerstimme hat ihren Preis, und der ist als Steuer von denen zu errichten, die wenige oder keine Wählerstimmen haben. Steuererhöhungen bringen kurzfristig Erfolge, zerstören aber längerfristig (als hohe Einkommensteuern) die Motivationsbasis der Leistungsträger bzw. verwandeln (als Vermögensteuern) Kapital in Konsum, verzehren also Bestände. Steuererhöhungen stehen in der Demokratie grundsätzlich vor dem Dilemma, daß sie nur Minoritäten treffen dürfen, deren Wählerstimmen nicht ins Gewicht fallen. Um dann aber einen nennenswerten fiskalischen Effekt zu haben, müssen sie gravierend hoch sein. In der Situation der internationalen Konkurrenz führt dies zur ökonomischen Kontraktion mit unerwünschten Effekten, etwa was die Arbeitslosigkeit betrifft.

Ein Ausweg besteht in der Ausdehnung der Staatsverschuldung für konsumtive Zwecke, vor allem für Sozialtransfers. Die Staatsverschuldung ist geradezu ein Gradmesser für die Ochlokratisierung der Demokratie. Sie gestattet eine Bereicherung in der Gegenwart, scheinbar ohne daß irgend jemand dafür aufkommen muß. Eine weitere, elegantere Methode der Erhöhung der Staatseinnahmen ist die Inflation, die mit monetärer Staatsfinanzierung einhergeht. Sie braucht nicht vom Souverän beschlossen zu werden, hat aber ebenfalls den Effekt, das staatliche Ausgabenvolumen zu Lasten der privaten Einkommen und Vermögen zu erhöhen. Die Inflationssteuer ist daher die letzte (und wohl auch finale) Rettung des Wohlfahrtstaats.

Einer zahlt immer irgendwann in der Zukunft die Zeche, nämlich die Gläubiger. Diese kann man natürlich durch Staatsinsolvenz oder Inflation enteignen. Spätestens wenn dies tatsächlich geschieht, wird aber klar, daß die Gläubiger die prädatorischen Massen selbst sind – als Kunden von Lebensversicherungen, als Bezieher von Renten, als Inhaber von Sparkonten. Die Ochlokratie erweist sich dann als Sackgasse.

Ein Kernelement der sozialstaatlichen Ochlokratie besteht im Bestreben aller Beteiligten, mehr aus dem System herauszuholen, als man hineinzahlt. Dieses Muster liegt auch dem Euro-Raum zugrunde. Finanzielle Belastungen können jetzt nicht nur (zeitlich) auf künftige Generationen, sondern auch (räumlich) auf Ausländer übertragen werden, die durch das gemeinsame Geldsystem für die Finanzierung der Schulden haften. Da Ausländer im jeweiligen Land keine Wählerstimme haben, können sie ungestraft belastet werden.

Alle erhoffen sich Vorteile auf Kosten der anderen, etwa Zinssubventionen, Einlagegarantien, Eurobonds oder Umverteilung von Außenhandelsüberschüssen. Das funktioniert natürlich nur so lange, wie es Gruppen gibt, die dies bezahlen können. In dem Maße, wie sich die Ochlokratie ausweitet, schrumpfen aber ihre Beutegründe. Pläne zur Steuererhöhung werden vor den Wahlen gewöhnlich damit begründet, daß nur eine Minderheit der Bürger davon betroffen ist, auf deren Stimme man gerne verzichtet. Was geschieht aber, wenn diese Minderheit verschwunden ist? Der Neid kennt ebensowenig eine Grenze wie die Schadenfreude. Die deutsche Linkspartei hat denn auch schon einen Spitzensteuersatz von 100 % gefordert. Kann der noch überboten werden? Oder stößt die Ochlokratie hier an eine Grenze?

Ochlokratische Tendenzen finden sich in allen Demokratien, vor allem dann, wenn sie eine proletarische Mehrheit des Elektorats haben, also nicht mehr (wie die alte Schweiz oder die USA Jeffersons) auf kleinbürgerlich-bäuerlicher Grundlage stehen. Dies ist heute in allen westlichen Ländern der Fall. Ein gewisses Korrektiv ochlokratischer Exzesse bot noch immer der Nationalstaat, der eine gewisse innere soziale Transparenz aufwies, so daß erfahrbar war, was die Umverteilung bei den Leistungsträgern anrichtete und worin ihre längerfristigen Folgen bestanden. Die sozialdemokratischen Parteien, die sich politisch im Kontext der ochlokratischen Entwicklung formierten und (unter verschiedenen Etiketten) an die Macht gelangten, wußten daher auch, daß man den Leistungsträgern einen gewissen Freiraum lassen mußte. Der »Monopolist des Verbrechens«[43] wurde auch als Robin Hood zur Selbstbeschränkung angehalten. Die realistische Formel der Sozialdemokratie lautete daher, daß man die Gans nicht schlachten durfte, die die goldenen Eier legte. Allerdings war ihre »Belastungsfähigkeit« zu testen, und natürlich gab es auch im nationalen Rahmen immer Stimmen, die der Meinung waren, daß noch mehr herauszuholen sei.

Das Wissen über die Grenzen der Belastbarkeit geht allerdings im übernationalen Rahmen verloren. Dies wird heute im Euro-Raum deutlich, wo sich eine neue Variante des Cargo-Kults ausbreitet: Irgendwo, vor allem im Ausland, im Norden, vielleicht in Deutschland sitzen die »Reichen«, deren »solidarische« Aufgabe darin besteht, die

Konsumenten in den nichtleistungsfähigen oder auch nichtleistungsbereiten Ländern durchzufüttern. Das innenpolitische Äquivalent dieses Cargo-Kults ist die Forderung nach bedingungslosem Grundeinkommen. Sie wurde sogar in der Schweiz laut, und hier langte man gleich tüchtig hin und forderte 2.500 sFR. im Monat, für die schiere Existenz. Diese Forderung ist die *ultima ratio* der Ochlokratie und setzt ein solches fundamentales Unwissen über ökonomische Zusammenhänge voraus, daß man nur erschüttert den Zusammenbruch des Marxismus als Ideologie der Linken bedauern kann. Aber vielleicht ist dies die letzte Etappe auf dem Weg in den Abgrund, zum Chaos und zur totalen Verarmung, wie es im Wesen der Ochlokratie liegt und wie es sich zur Zeit in ganz Europa vollzieht und in Südamerika, vor allem in Venezuela schon vollzogen hat.

Ein wichtiges Element der Ochlokratie ist die in ihr dominante Tendenz zum Gegenwartskonsum. Gegenwärtige Bedürfnisse und die mit ihrer Befriedigung verbundenen Kosten besitzen einen höheren Rang als künftige Bedürfnisse und die zu ihrer Deckung erforderlichen Investitionen. Deren Kosten werden generell als überhöht wahrgenommen, d.h. Investitionen in Infrastruktur scheinen zu teuer zu sein und unterbleiben deshalb. Dies hängt mit der Zeitpräferenz des Elektorats zusammen: Die hohen Kosten fallen in der Gegenwart an und sind sicher. Der Nutzen verteilt sich dagegen über die Zukunft und bleibt unsicher. Dies hat zur Folge, daß öffentliche Investitionen, etwa in die Verkehrsinfrastruktur, von den Wählern geringer honoriert werden als spektakulärer öffentlicher und gegenwartsnaher Konsum. Dies gilt umso mehr, je älter das Elektorat wird – mit dem Alter steigt die Gegenwartspräferenz. Dies hat zur Folge, daß Investitionen als immer kostspieliger wahrgenommen werden und den Protest der »Wutbürger« hervorrufen.

Das von diesen Merkmalen geprägte politische System wird vermutlich nicht die im 21. Jahrhunderts anstehende historische Wende zur Nachhaltigkeit bewältigen können. Die ochlokratisch ausgeprägten Demokratien erweisen sich als ausgesprochen reformunfähig. So stehen

43 Mancur Olson: »The Logic of Power«, in: *Power and Prosperity*, New York 2000, S. 5

sie z. B. in Europa vor dem Problem einer steigenden Lebenserwartung, was einen enormen Druck auf die Finanzierung der Renten ausübt. Seit 1960 hat sich in Deutschland die Bezugsdauer von Sozialrenten etwa verdoppelt, von zehn auf rund zwanzig Jahre. Wie kann man mit diesem Problem umgehen?

Prinzipiell existieren drei Möglichkeiten, die beliebig miteinander kombiniert werden könnten: 1. das Renteneintrittsalter steigt; 2. die Rentenhöhe sinkt; 3. die Beiträge zu den Rentenkassen steigen. Alle drei Maßnahmen stehen aber vor dem Problem, daß damit massive Interessen des Elektorats verletzt würden.

1. Wenn länger gearbeitet werden muß, werden sich alle diejenigen beschweren, die auf eine baldige Rente hoffen. Sie werden lieber eine Partei wählen, die eine Absenkung des Rentenalters verspricht.

2. Wenn die Renten sinken, werden die Rentner damit unzufrieden sein. Da bei wachsender Lebenserwartung aber der Anteil der Rentner am Elektorat steigt, kann es sich keine Partei leisten, gegen deren Interessen zu agieren.

3. Wenn die Beiträge zu den Rentenkassen steigen, müssen dies die aktiv Beschäftigten zahlen, die davon vermutlich nicht begeistert sein werden. Da ihre Anzahl größer ist als die der Rentner, wird auch diese Alternative in den Parteien auf keine große Resonanz stoßen.

Was kann man also tun? Die bewährte Methode bestünde darin, Minderheiten zu belasten, deren Wählerstimmen keine große Rolle spielen. Hier besteht aber das Problem darin, daß einerseits diese Minderheiten sehr klein sein müssen, so daß ihre Unzufriedenheit verkraftet werden kann, sie aber zugleich ökonomisch so leistungsfähig sein müssen, daß nennenswerte Summen zusammenkommen. Populäre Forderungen, etwa »die Politiker« sollten zur Kasse gebeten werden, fallen damit weg. Belastet werden könnten die Beamten oder die Selbständigen. Auch die Unternehmen kämen in Frage, doch weiß man, daß deren Konkurrenzfähigkeit mit den Arbeitskosten zusammenhängt. Oder wie wäre es mit einer Vermögenssteuer? Könnten nicht »die Reichen« die wachsende Zahl der Rentner finanzieren? Hier besteht das Problem, daß »Vermögen« in der Regel Kapital ist. Ein Zugriff auf Vermögen wirkt damit als Verwandlung von Kapital in Konsum, untergräbt also die ökonomische Potenz des Landes.

Es bleibt also nur noch der Rückgriff auf den Cargo-Kult: Die Renten müssen durch staatliche Zuschüsse teilfinanziert werden, und diese werden durch wachsende Staatsverschuldung ermöglicht. Wenn sich Gläubiger finden, die sich an diesem Spiel beteiligen, sind sie selbst schuld. Wenn sich keine Gläubiger finden, bleibt noch immer das Instrument der monetären Staatsfinanzierung, vulgo das Gelddrucken, in der Hoffnung, daß die dadurch ausgelöste Inflation erst in einer längeren Frist eintritt.

Wenn autokratisch-technokratisch regierten Ländern wie China das Modell der Demokratie zur Nachahmung empfohlen wird, werden sie diesem Vorschlag begreiflicherweise eine gewisse Skepsis entgegenbringen. Die Neigung der Demokratie, zur Ochlokratie und damit zur Unregierbarkeit umzukippen, ist allgemein bekannt. Gerade in einer globalen Situation, in der fundamentale (und damit unpopuläre) Weichenstellungen bevorstehen, kann die zur Ochlokratie mutierte Demokratie dieser Transformation zum Opfer fallen. Zunächst wird sie aber versuchen, ihr altes Instrumentarium auszureizen, also auf die Krise mit Verschuldung, finanzieller Repression und Konfiskation antworten. Dies kann die Frist bis zum Zusammenbruch verlängern, kann aber auch die Fallhöhe steigern, den Fall also härter machen. Der Weg in die Transformation verläuft vermutlich von der fiskalischen zur allgemeinen Finanzkrise: Hyperinflation, Staatsbankrott, schließlich (im Medium von »Protest« und sozialer Unordnung) Zusammenbruch der alten politischen Ordnung und evtl. Entstehung einer neuen.

Gibt es eine Alternative dazu? Die aktuelle Alternative zur Demokratie/Ochlokratie ist die Technokratie. Sie bildet die moderne Variante der Aristokratie/Oligarchie, doch begründet sie sich nicht so sehr durch eine minoritäre Tugend, sondern durch das Versprechen von

Kompetenz. Die Technokratie versteht sich als Expertenherrschaft. Ihre programmatischen Wurzeln liegen im frühen 19. Jahrhundert, vor allem im St. Simonismus und im Sozialismus. In dieser Tradition wird der »Anarchie« des Marktes die »vernünftige Planung« gegenübergestellt, die von Planungsexperten vollzogen werden muß. Der Begriff »Technokratie« entstand im späten 19. Jahrhundert und visierte eine Herrschaft der Techniker bzw. der Ingenieure an, die (im Gegensatz zum parasitären oder anarchischen Gewinnstreben der kapitalistischen Ökonomie) vom Prinzip der Sachgerechtigkeit ausgingen. Einer der Propagandisten der Technokratie, der amerikanische Ökonom Thorstein Veblen, stellte das (irrationale) Preissystem dem rationalen Technikprinzip gegenüber.

Der Kommunismus war im Grunde eine Einlösung dieses technokratischen Versprechens. An die Stelle der Konkurrenz isolierter Marktteilnehmer trat die zukunftsweisende Planung, die von einer Organisation vollzogen wurde, die Politik und Ökonomie miteinander verschmolz und eine neue Einheit von Gerechtigkeit und Effizienz versprach. In der kommunistischen Planwirtschaft wurde aber auch die prinzipielle Problematik der Technokratie erkennbar. Der alte Sowjetkommunismus, dessen marxistisches Programm einer planwirtschaftlichen »Herrschaft der Vernunft« eine Variante der Technokratie gebildet hat, hat historisch abgewirtschaftet und wird auch von aktuellen westlichen »Marxisten« nicht mehr vertreten, die statt dessen radikalere Varianten der Ochlokratie repräsentieren (so die Linkspartei in Deutschland). Vielleicht überlebt diese Tradition aber in ihrer konfuzianischen Variante in China. Hier herrscht eine Technokratie, die recht immun ist gegenüber ochlokratischen Versuchungen, die ihr von außen immer wieder angetragen werden. Ihre Maximen sind Harmonie und Gleichgewicht, und dies könnten in der Tat die Leitbilder einer zukünftigen Ordnung der Nachhaltigkeit sein.

Technokratische Elemente finden sich auch in der Demokratie, sofern sie repräsentative Formen ausbildet. Die rein plebiszitäre Demokratie, die sich etwa im Instrument der Volksabstimmung ausdrückt, gilt als inhärent instabil. Die Entscheidungen des Volkes können inkonsistent und schwankend sein. Wer soll das Volk daran hindern, zugleich steigende staatliche Leistungen und eine Senkung der Steuern zu beschließen? Um solche Inkonsistenzen zu verhindern, existieren auch in Ländern wie der Schweiz Vertretungskörperschaften, die in der Lage sind, Kompromisse zu schließen und daher den reinen »Volkswillen« zu konterkarieren. Ihre Legitimation beziehen sie aber vom Volk, das sie letztlich gewählt hat.

Das typische politische System westlicher Industrieländer besteht daher in einer charakteristischen Kombination von plebiszitären und technokratischen Elementen. Der »Volkswille« drückt sich in (recht seltenen) Wahlen aus, während die Volksabstimmung gerne vermieden wird, da sie leicht zu lästigen, kontraproduktiven Ergebnissen führt, wie die britischen Eliten jüngst im Referendum zum Brexit erleben mußten. Um solche Erfahrungen zu vermeiden, um also eine »populistische« Wendung der »Demokratie« zu erschweren, gibt es eine dominante Tendenz in Richtung Technokratie. Die Experten in den Parteien und staatlichen Verwaltungen legitimieren sich zwar letztlich durch einen Rekurs auf die Wähler, doch wird dieser Rekurs immer schwächer, je weiter sich die Machtzentren vom Volk entfernen.

Dies wird im europäischen Kontext besonders deutlich. Hier existieren Organisationen wie die Europäische Kommission oder gar die EZB, die zwar beanspruchen, in letzter Instanz demokratisch legitimiert zu sein, de facto aber ihre eigene Agenda der Machtsteigerung betreiben. In diesem Kontext ist die Grundtendenz zur Technokratie besonders klar zu beobachten, und hier wird auch ihre Problematik deutlich erkennbar.

Wie jede Oligarchie steht auch die Technokratie vor dem Grundproblem der Korruption: Wo Macht konzentriert ist, lädt dies zum parasitären Mißbrauch der Macht ein. Dies hat zwei unterscheidbare negative Effekte:

a) das System verliert an Effizienz

b) das System verliert an Legitimität

Die Korruption im ersteren Sinne ist schwer zu vermeiden. Jede Technokratie beruft sich auf überlegenes Wissen, das sie gegen den Widerstand der Ahnungslosen und Kurzsichtigen durchsetzen muß. So kann der Klimaforscher der Meinung sein, ein weiter wachsender Eintrag von CO_2 in die Atmosphäre führe zu äußerst schädlichen längerfristigen Folgen, deren Kosten weit höher sind als der Nutzen, der aktuell aus der Verbrennung fossiler Energieträger folgt. Wenn die Menschen dennoch ihre kurzfristigen Interessen höher ansetzen als die langfristigen, so handeln sie letztlich gegen ihre eigenen wohlverstandenen Interessen und müssen dazu gezwungen werden, das Sinnvolle und Notwendige zu tun. Wenn dies (in der Demokratie) nicht freiwillig geschieht, müssen sie durch indirekte Methoden in die richtige Richtung geschubst werden,[44] und wenn das auch nicht zum Erfolg führt, bleibt nur der staatliche Zwang – also die direkte Herrschaft der Technokratie, die das Notwendige vollzieht.

Nun tritt hier das alte Problem auf, daß auch die Technokraten nicht wirklich wissen können, was notwendig ist. Die unter ihnen verbreitete »Anmaßung von Wissen«[45] verkürzt den Möglichkeitsraum des Wissens und führt rasch zur Festlegung auf Ziele und Methoden, zu denen es vielleicht bessere Alternativen gibt, wie man es heute bei der »Energiewende« leicht beobachten kann. Diese Probleme sind in rein wirtschaftlicher Hinsicht seit längerer Zeit durchdekliniert worden,[46] und es leuchtet ein, daß marktwirtschaftliche Interaktion (als Äquivalent des demokratischen Willensbildungsprozesses) der Planwirtschaft überlegen ist, da sie dezentral verstreutes Wissen aggregieren kann.

Gilt das aber auch im wirklichen Ernstfall und unter Zeitdruck? Kann es nicht dezentrale »Lernprozesse mit tödlichem Ausgang« geben, angesichts dessen eine rechtzeitige Konzentration der Macht und damit der Handlungsfähigkeit sinnvoll ist? Die antiken republikanischen Verfassungen haben für den Notstand, was bei ihnen identisch war mit dem Krieg, das Institut der Diktatur vorgesehen, also die (vorübergehende) Konzentration der Macht in einer Hand. Hier war es wohl selbstverständlich, daß Heere von einem Heerführer gelenkt werden müssen, und daß es in ihnen keine Volksabstimmung über Strategie und Taktik geben kann.

Die Technokratie gewinnt also an Legitimität, wenn der Ausnahmezustand droht, und dies kann in mehrerer Hinsicht der Fall sein. Im Krieg muß es einen Oberbefehlshaber geben. In einer Naturkatastrophe, etwa einer Seuche, müssen Zwangsmaßnahmen rasch, konsequent und ohne Ausnahme vollzogen werden. Dies könnte auch für umfassendere Umweltkrisen gelten, wobei aber hier, je umfangreicher die anvisierten »Transformationen« sind, das Problem der Anmaßung des Wissens verschärft auftritt.

Eine Lösung könnte darin bestehen, daß die Technokratie in ihrem Inneren eine Art Pluralität oder Freiheit der Wissenschaft aufbaut, um nicht in die Falle ideologischer Festlegung zu geraten, die den Kommunismus schließlich zur Erstarrung und zum Zusammenbruch gebracht hat. Die Technokratie müßte ihren internen (d.h. innertechnokratischen) Willensbildungsprozeß so gestalten, daß er evolutionär offen ist. Zu diesem Zweck könnte sie sich an dem Ideal des wissenschaftlichen Diskurses orientieren. Aber das ist ein schönes Ideal, das vermutlich der Härte des Machtstrebens in einer eindimensional »politisch« gewordenen Ordnung nicht standhalten kann.

Die Technokratie steht somit vor einem doppelten Problem: Ihr Wissen muß tatsächlich plausibel und zugleich so flexibel sein, daß es korrekturfähig ist. Das Wissen dürfte also nicht ideologisiert werden, wie dies etwa heute in den Umweltbewegungen in Bezug auf die Kernenergie oder in der medialen Öffentlichkeit beim Umgang mit der Massenimmigration der Fall ist. Das zweite Problem ist die Trennung zwischen Privatinteresse und öffentlichem Interesse. Jede Technokratie bezieht ihre Legitimität daher, daß sie das Gemeininteresse besser vertreten kann als die Volksmenge. Dennoch fällt es in jedem politischen System schwer, parasitäre Nutzungen von Macht zu unterbinden. Ein Cincinnatus als Diktator ist eher die Ausnahme, und dies gilt *mutatis mutandis* auch für die ochlokratischen Neigungen der Demokratie. Es ist daher zu erwarten, daß auch die Technokraten zu denen gehören, *who come to do good and stay to do well.* Wenn dies mit Ineffizienz gekoppelt ist, hat die Technokratie ein doppeltes Problem.

44 Dieses Konzept einer »sanften« technokratischen Verhaltenssteuerung wird entwickelt bei Richard Thaler und Cass Sunstein: *Nudge: Improving Decisions About Health, Wealth, and Happiness*, Yale 2008

45 Friedrich August von Hayek: »The Pretence of Knowledge«, Vortrag anläßlich der Verleihung des Nobelpreises 1974

46 Ludwig von Mises: *Die Gemeinwirtschaft*, Jena 1922; Peter J. Boettke (Hrsg.): *Socialism and the market. The socialist calculation debate*, 9 Bde., London 1998–2000

Die Kombination dieser beiden negativen Effekte zerstört möglicherweise die Grundlagen der Technokratie, was dem demokratischen Gegenlager des »Protests« Zulauf bescheren kann. Die Demokratie ist grundsätzlich vom ochlokratischen »Prädatorentum von unten« bedroht, mit der selbstdestruktiven Tendenz zum *social overstretch*. Die Technokratie steht dagegen vor dem Problem des »Prädatorentums von oben«, also der Korruption oligarchischer Eliten. Auch hier lauert eine Tendenz zur Selbstdestruktion, wie wir sie in der späten Sowjetunion beobachten konnten. Die sowjetische Nomenklatura wurde ineffizient und illegitim zugleich, und am Ende war sie nicht einmal mehr in der Lage, ihre eigene Herrschaft zu verteidigen.

Gehört das 21. Jahrhundert dennoch dem technokratischen Modell? Sehr wahrscheinlich können die westlichen sozialstaatlich korrumpierten Demokratien die anstehenden ökologischen Transformationsprobleme nicht lösen und sind auch nicht in der Lage, sich selbst zu reformieren. Im Gegenteil, sie sind so sehr von sich eingenommen, daß sie sogar den Export ihres Modells in andere Länder verlangen und fördern, natürlich mit desaströsen Folgen (vor allem im arabischen Raum). Kann ein technokratisch regiertes Land wie China der Gefahr der Erstarrung und der Korruption entgehen? Wenn ja, könnte hier das politische Vorbild für das 21. Jahrhundert liegen. Falls nicht, könnte die unerfreuliche Alternative zur Ochlokratie auch im Putinismus liegen, also einer Herrschaft von Gewalt und Inkompetenz.

Heute ist die technokratische Versuchung im politischen Raum sehr stark, und dies gilt vor allem für die Europäische Union. Die bürokratischen Eliten in »Brüssel« verfolgen seit längerer Zeit das Projekt eines neuen, großen Zentralstaats, der »Vereinigten Staaten von Europa«. Allerdings weiß man, daß für das gute Funktionieren einer Demokratie eine gewisse kulturelle Homogenität der Bevölkerung erforderlich ist, die das Staatsvolk bildet. Die institutionelle Erfahrung seit dem 19. Jahrhunderts zeigt, daß der Nationalstaat dafür am besten geeignet ist. Die für agrarische Zivilisationen typischen Vielvölkerstaaten sind im 19. und 20. Jahrhundert fast alle zerbrochen, am spektakulärsten Österreich-Ungarn, Rußland, das Osmanische Reich, das Britische Empire oder das Spanische Weltreich. Im 19. Jahrhundert erschien es den meisten Zeitgenossen nicht weniger als selbstverständlich, daß die nationalstaatliche Einheit von Staatsvolk, Staatsgebiet und Staatsgewalt (nach Jellinek) die »natürliche« institutionelle Ausprägung im Industriezeitalter bildet.

Die Vereinigten Staaten von Europa besäßen dagegen kein homogenes Staatsvolk, sondern es würde sich um einen typischen Vielvölkerstaat handeln. Dieser stünde also in einem Gegensatz zu der dominanten Tendenz des 20. und frühen 21. Jahrhunderts, die gerade eine Auflösung von Vielvölkerstaaten bewirkt hat, zuletzt in Jugoslawien. Nun soll ein neuer homogener Machtstaat mit hoher bürokratischer Durchgriffkompetenz auf heterogener kultureller Basis gegründet werden. Im positiven Sinn wird dies als Abkehr vom neotribalen Nationalismus verstanden, der die Epoche der Weltkriege geprägt hat. Die Vereinigten Staaten von Europa sollten diese Epoche definitiv beenden. Daher wurde Europa auch als »Friedensprojekt« proklamiert.

Das entscheidende Problem dabei ist jedoch, daß es kein europäisches Staatsvolk gibt, das in der Lage wäre, seine Interessen zu artikulieren und demokratisch zu organisieren. Unter den Bedingungen großer kultureller Heterogenität, wie wir sie in Europa vor uns haben, ist nur eine Technokratie, also eine abgehobene Herrschaft von Experten denkbar, nicht aber eine Demokratie. Die Erfahrung seit der Antike lehrt, daß demokratische Republiken allesamt verschwunden sind, wenn die Staaten sich in ethnisch heterogene Imperien verwandelt haben. Die agrargesellschaftlichen Reiche waren alle despotisch organisiert, und die Despotie (vielleicht im milderen Gewand der Technokratie) scheint das Schicksal von Vielvölkerstaaten zu sein.

Die Europäische Kommission bildet eine solche Technokratie, wobei alles »demokratisch aussehen« soll, aber keineswegs in die Hände der »Populisten« fallen darf. Man weiß aus zahlreichen historischen und aktuellen Beispielen innerhalb und außerhalb Europas, daß unter den Bedingungen ethnischer Heterogenität »demokratische« Ständeversammlungen den Charakter von Bühnen des Bürgerkriegs annehmen können und keinesfalls zu Orten der Konsensbildung werden. Darauf hat schon Aristoteles hingewiesen, und diese Einsicht gehört in den festen Bestand der europäischen Tradition des politischen Denkens:

> »Zu Aufständen führt auch die Anwesenheit verschiedener Stämme, jedenfalls so lange, bis eine organische Einheit hergestellt ist. Wie nämlich ein Staat nicht aus einer beliebigen Volksmasse entsteht, so auch nicht in einer beliebigen Zeitdauer. Darum hat es fast immer Konflikte gegeben, wo Mitbewohner [Metöken] oder Kolonisten aufgenommen worden sind.« (Aristoteles, *Politik*, 1303 b)

Da dies im Grunde jeder weiß, stehen die bürokratischen Eliten in Brüssel und in anderen europäischen Hauptstädten vor der Versuchung, die europäischen Völker im ethnischen Sinne aufzulösen. Die deutsche Bundeskanzlerin hat schon das Wort »Volk«, das noch im Grundgesetz steht,[47] aus ihrem Vokabular gelöscht und durch »Bevölkerung« ersetzt, womit alle Menschen gemeint sind, die sich gerade in dem jeweiligen Land aufhalten. Ziel dieses Projekts ist es also, die Völker der europäischen Nationalstaaten aufzulösen, um etwaige Widerstandsnuklei der Demokratie gegen die bürokratische Herrschaft von Brüssel im Ansatz zu zerschlagen.

Diese Transformation des kulturell homogenen Volkes in eine heterogene Bevölkerung geschieht heute in erster Linie durch Förderung von Massenimmigration aus außereuropäischen Gebieten, vor allem aus dem islamischen Raum mit dem Ziel, den Ethnos der jeweiligen Nationalstaaten zu minorisieren. An die Stelle eines Volkes mit umrissener kultureller Identität soll ein »buntes« Sammelsurium von Individuen treten, die keine ethnische (d. h. vorstaatliche) Solidaritätsstruktur mehr besitzen.

Auf den ersten Blick scheint dies paradox zu sein: Die Zuwanderung erhöht ja die ethnische Heterogenität und müßte damit das Regieren erschweren. Das politische Ziel der europäischen Akteure besteht aber offenbar darin, diese Zuwanderung in einem solchen Ausmaß und Tempo herbeizuführen, daß die überkommenen, kulturell als »Ethnien« definierten europäischen »Völker« in eine amorphe Ansammlung von Individuen verwandelt werden, die leichter despotisch-technokratisch regiert werden können. Die Atomisierung der »Bevölkerung« ist die Voraussetzung für die totale bürokratische Herrschaft. Allerdings kann hier eine Fehlkalkulation vorliegen:

1. Die Immigration führt in den Ländern (wie Deutschland), die keinen erfolgreichen Widerstand dagegen leisten, voraussichtlich nicht etwa zur Atomisierung, sondern zur Segmentierung der Bevölkerung, also zur Multitribalisierung. Die neuen Stämme, die hierbei entstehen, bilden dann vielleicht härtere Widerstandszentren gegen die technokratische Herrschaft, als es die nationalstaatlichen Völker waren. An Tribalgesellschaften hat sich schon mancher Monarch, der nach absoluter Herrschaft strebte, die Zähne ausgebissen. Ein Blick von Brüssel nach Kabul wäre lehrreich.

2. Die Versuche zur Auflösung der Völker durch Massenimmigration, d.h. zur Verwandlung von Nationalstaaten in Vielvölkerstaaten, wird in einigen europäischen Ländern zu massiven Widerständen führen, die bis hin zur Sezessionsforderung gehen bzw. zu sezessionsähnlichen Autonomiekonzessionen führen. Dies geschieht nicht nur in Großbritannien, sondern auch in Osteuropa, vor allem in Polen, Tschechien, Ungarn und der Slowakei. In Frankreich kann die Förderung der Masseneinwanderung heftige Konflikte auslösen, wenn auch der *point of no return* der Auflösung der französischen Nation wohl bereits überschritten ist.

Es mag also sein, daß wir auch in dieser Politik einen Fall von »Torheit der Regierenden« vor uns haben. Die Förderung der Massenimmigration führt nicht zu einer amorphen Individualisierung und Atomisierung der europäischen Völker, sondern zu einer neuen multitribalen Strukturierung. Dies geschieht innerhalb der ehemaligen Nationalstaaten, deren ursprüngliches »Volk« sich nun als Stamm unter Stämmen konstituieren muß, wobei auch die Zuwanderer sich als tribale Einheiten mit eigener Führung und eigenen Regeln ausprägen werden. Dies wird das Regieren nicht gerade erleichtern, und es ist zu vermuten, daß dieser Prozeß mit massiven Verwerfungen verbunden ist, die sich in schweren Protesten und Konflikten entladen werden. Die Menschen in

47 Vgl. etwa Art. 20, 2: »Alle Staatsgewalt geht vom Volke aus.«

den Industrieländern sind von Verlusten bedroht, die vielleicht längerfristig unvermeidlich sind, deren Eintritt jedoch von einer ungewöhnlich kurzsichtigen und ideologisch aufgeladenen Politik beschleunigt wird.

3. RECHTSSTAAT ODER MULTITRIBALE GESELLSCHAFT

Vor etwa 10.000 Jahren sind im Zuge der Entstehung der Landwirtschaft Tribalgesellschaften aufgekommen, die sich fast auf dem gesamten Globus finden. Tribale Gesellschaften sind dadurch gekennzeichnet, daß der Stamm die »politische« Einheit bildet, auf die sich die Menschen beziehen. Dem Stamm gehört die Loyalität, er bietet Schutz und fordert Gehorsam, und alle wesentlichen Konflikte, die nicht im Rahmen der engeren Haushalte oder Familien geregelt werden können, werden auf der Stammesebene geschlichtet. Ein Individuum ist primär Angehöriger eines Stammes, spricht seine Sprache, teilt seine Sitten, übernimmt seine Traditionen und verehrt seine Götter. Dieser Stamm bildet in der Regel eine fiktive Abstammungsgemeinschaft, führt sich also auf einen bestimmten Ahnen zurück, mit dem der einzelne in direkter oder indirekter Linie verwandt ist. Je direkter die Abstammungslinie, desto edler die einzelne Familie. Stämme besitzen damit eine hierarchische Struktur, weisen mehr oder weniger geachtete Mitglieder auf und werden in der Regel von einem Oberhäuptling regiert, der sich seinerseits auf die Dorfhäuptlinge stützen kann.

Agrarische Zivilisationen, also komplexe Agrargesellschaften, wie sie sich seit über 5.000 Jahren gebildet haben, beruhten gewöhnlich auf dem Unterbau der Tribalgesellschaft. Ihr Überbau, der Staat, die Stadt, das Königtum, die Gelehrten, die Künste und Wissenschaften – all das tangierte die Tribalgesellschaft nicht wirklich. Sie blieben auf ihren lokalen Rahmen beschränkt und wurden vom Wetterleuchten der großen Staatskonflikte nur berührt, wenn die Kriege in ihrer Nähe stattfanden.

Auch die (nordwest-)europäischen Gesellschaften blieben lange Zeit Tribalgesellschaften, bis sie schließlich seit etwa 1.000 Jahren hochkulturalisiert wurden. Mit der Transformation der europäischen Häuptlingstümer in agrarische Staaten wurde allerdings das tribale Muster nicht völlig obsolet. Die Dorfhäuptlinge verwandelten sich zwar in den (niedrigen) Adel, der zunehmend im eigenen sozialen Kontext der Aristokratie kommunizierte und sich nach oben orientierte, doch vertraten sie als Grundherren immer noch das Dorf nach außen und waren in die komplexen Entscheidungsprozesse des Dorfs, der Dorfversammlung und ihrer Rechtsfindung eingebunden.

In agrarischen Zivilisationen versuchte die staatliche Ebene immer wieder, den Handlungsspielraum der lokalen Ebenen zu beschränken und Kompetenzen an sich zu ziehen. Dies wurde im Konfliktfall besonders deutlich. Wenn im tribalgesellschaftlichen Kontext ein Konflikt zwischen zwei Individuen auftrat, etwa über eine ausstehende Zahlung, über eine Beschädigung von Eigentum, über die Abgrenzung von Feldern, über Beleidigung, Körperverletzung oder Mord, so mußten die Konfliktpartner Verbündete suchen, die ihnen dabei halfen, diesen Konflikt mit Gewaltdrohung, letztlich auch mit Gewaltanwendung auszufechten.

Der kleine Krieg, die Fehde, war ein üblicher und normaler Weg, Konflikte auszutragen und Recht zu bekommen. Ein Problem lag jedoch darin, daß die Fehde immer das Potential zur Eskalation besaß. Aus einem Racheakt konnte eine weitere Vergeltung folgen, und es konnten sich ganze Kaskaden von Fehden ergeben, bei denen sich beide Seiten im Recht fühlten und den Streit nicht beenden konnten, ohne ihr Gesicht zu verlieren. An dieser Stelle konnten mächtigere Stammeshäuptlinge oder gar Könige, die größere Bündnissysteme von Stämmen repräsentierten, eine wichtige friedensstiftende Funktion anstreben. Wenn sie in der Lage waren, Zwangsmittel anzuwenden (was in Tribalgesellschaften eher problematisch war, da diese auf dem Konsensprinzip beruhten), konnten sie das Privileg der Rechtsprechung und damit der Konfliktbegrenzung für sich beanspruchen. Wenn ein solcher Herrscher eine hinreichende Durchgriffskompetenz besaß, konnte er die Fehde beenden und den Gerichtsprozeß an ihre Stelle treten lassen. Dazu mußte er das beanspruchen, was man später als staatliches Gewaltmonopol bzw. Monopol zur legitimen Gewaltanwendung bezeichnet hat. Nur noch der Staat war berechtigt, Gewalt zur Durchsetzung seiner Rechtsordnung anzuwenden, und derjenige, der weiterhin eine Fehde führen wollte, verwandelte sich in einen Verbrecher, der Landfriedensbruch beging.

An dieser Stelle ist historisch die Verwandlung des tributären Staats in einen Rechtsstaat angesiedelt. In Europa geschah dies im späten Mittelalter (im Heiligen Römischen Reich war es der Ewige Landfriede von 1495). Damit wurden wichtige Funktionen der Tribalgesellschaft verstaatlicht, und deren Spielräume verringerten sich, ohne daß diese allerdings vollständig verschwand. Die Durchsetzung des Rechtsstaats und die Verdrängung tribaler Strukturen war ein langfristiger Prozeß, der in den meisten europäischen Ländern erst im 19. Jahrhundert abgeschlossen wurde. Die Tribalgesellschaft überlebte noch lange in Gestalt der Bürgergemeinde, die von Leibeigenschaft und Grundherrschaft geprägt war. Man sollte dies nicht dämonisieren. Gemeint war damit, daß die »Gemeinde« auf der Basis einer »lokalen Herrschaft« funktionierte, die als Genossenschaft konstituiert war, der also nur bestimmte Personen angehörten, die mehr oder weniger große »Rechte« innerhalb der Gemeinde besaßen.[48] Diese Gemeinde übernahm eine Reihe von Aufgaben, die man heute dem Sozialstaat zurechnen würde. Dazu gehörten etwa die Armenpflege, die Unterstützung in Notfällen, die Koordination bei der Nutzung öffentlicher Güter (Allmenden), die Unterhaltung von Infrastrukturanlagen und öffentlicher Gebäude.

Für ein Individuum war es in dieser Gesellschaft außerordentlich wichtig, einer Gemeinde anzugehören, da diese Gemeinde eine Solidargemeinschaft auf der Basis der Gegenseitigkeit, aber auch der Verfügung über öffentliche Güter bildete. Zum Schlimmsten, was einem Individuum zustoßen konnte, gehörte die Exilierung aus der Gemeinde (aufgrund von Regelverstößen), wodurch man zu einem heimatlosen Vagabunden wurde, den keine andere Gemeinde aufnehmen wollte. Für die Gemeinden als Genossenschaften war es selbstverständlich, daß sie nur solche Neubürger aufnahmen, die in der Lage waren, ihren Lebensunterhalt selbst zu bestreiten. Um eine Kontrolle über die Mitgliedschaft in der Gemeinde aufrechterhalten zu können, mußte häufig die Eheschließung von der Gemeinde genehmigt werden. Wenn nur solche Menschen die Erlaubnis zur Eheschließung bekamen, die in der Lage waren, ihre Familie zu ernähren, und wenn es durch sozialen Druck möglich war, außerehelichen Geschlechtsverkehr zu unterbinden, so daß nur Verheiratete Nachwuchs bekamen, besaß man ein Instrument zur Feinsteuerung der Bevölkerungsgröße, die mit den verfügbaren Ressourcen abgestimmt werden sollte.

Die Bürgergemeinde wurde in den meisten europäischen Ländern im frühen 19. Jahrhundert aufgelöst, und an ihre Stelle trat die Einwohnergemeinde auf der Basis der Freizügigkeit. Ökonomisch war dies verbunden mit der Einführung der Gewerbefreiheit in den Städten und der Bauernbefreiung, also der Abschaffung der Leibeigenschaft in den Dörfern, was gleichbedeutend war mit der Auflösung von solidarischen Genossenschaften. Durch diese institutionellen Regelungen wurde der eigentliche Rechtsstaat totalisiert. Er stand nun nicht mehr in einem Spannungsverhältnis mit den tribal-gemeindlichen Strukturen, sondern es gelang ihm, sämtliche intermediären Gewalten auszuschalten. Die Grundherrschaft verschwand ebenso wie die Bürgergemeinde oder die Zunft, und es entstand ein Menschentypus, den wir heute für selbstverständlich halten: das staatsunmittelbare Individuum.

Der Rechtsstaat als solcher hatte in Europa eine längere Tradition, doch konnte er sich vor dem 19. Jahrhundert (bzw. dem 18. Jahrhundert in Großbritannien) nicht vollständig durchsetzen. Ein wichtiges Element des Rechtsstaats war immer sein Bestreben einer »Herrschaft des Rechts«, was soviel bedeutete wie die Bindung der Herrschaft an das Recht. Der Staat, der Fürst, der König war also an seine eigenen Gesetze gebunden und er durfte (eigentlich) nicht zu Maßnahmen greifen, die ihm in seiner Machtfülle zwar zugänglich wären, die jedoch nicht von den Gesetzen gedeckt wurden. Es ist eine Reihe von Anekdoten und Erzählungen überliefert, die gerade dies unterstreichen. Berühmt ist etwa die Geschichte um den Müller von Sanssouci, der sich unter Berufung auf das Recht gegen den Preußenkönig Friedrich II. durchsetzen konnte.

Das tribalgesellschaftliche Element war vielleicht in den nordwesteuropäischen Gesellschaften schon seit längerer Zeit schwächer geworden als in anderen Weltgegenden. Es gibt Indikatoren dafür, daß der Individualismus in Europa schon im Mittelalter eine größere

48 Details dazu bei Bernd Marquardt: *Das Römisch-Deutsche Reich als segmentäres Verfassungssystem (1348–1806/48)*, Zürich 1999

Rolle spielte als in Asien,[49] und dies war natürlich gleichbedeutend damit, daß die Bindung an die Familie nicht so stark war.[50] Dies mag auf Vorschriften der Kirche zurückgehen, die im Mittelalter daranging, den Geltungsbereich des Inzestverbots möglichst auszuweiten. Je größer der Bereich des Inzestverbots ist, desto schwieriger wird es für die Familien, Heiratsbündnisse innerhalb des eigenen Clans zu bilden. Dies schwächt die Handlungsfähigkeit der Familien, was umgekehrt die Spielräume von geistlicher und weltlicher Herrschaft erweitert.

Elemente der Tribalgesellschaft bzw. ihrer Funktion für die Daseinsvorsorge überlebten in Europa daher vorwiegend in den Genossenschaften wie den Zünften oder Dorfgemeinden, während das familiale Element im engeren Sinne, etwa als Ahnenkult, fast keine Rolle mehr spielte, jedenfalls außerhalb des Adels. Das nordwesteuropäische Familienmuster mit seiner Neolokalität und der hohen Position der Frauen war mit der Individualisierung, die von der Industrialisierung begünstigt wurde, sehr gut zu vereinbaren.

Der vollständige Rechtsstaat setzte sich dann im 19. Jahrhundert als institutionelle Lösung der strukturellen Probleme durch, die mit der industriellen Transformation aufgetaucht sind. In sozialer Hinsicht bedeutete Industrialisierung einen Übergang von der ökonomisch selbständigen Existenz (als Bauer oder Handwerker) zur Unselbständigkeit. In der Agrargesellschaft waren rund 80 % der Menschen ökonomisch selbständig. Heute sind es knapp 10 %. Diese neue Unselbständigkeit oder »Proletarisierung« führte zu genuin neuen Problemen. Die kapitalistische Ökonomie beruht auf dem Prinzip des freien Vertragsschlusses und der freien Mobilität der Produktionsfaktoren. Genau das wollte aber die Agrargesellschaft, die eher auf Prinzipien der Nachhaltigkeit und Risikominimierung orientiert war, verhindern. Genossenschaften wie Zünfte oder Bauerngemeinden dienten dem Risikoausgleich und der Verstetigung, nicht aber dem Wirtschaftswachstum, der Innovation und der Mobilität.

Also mußte im Kontext der Industrialisierung das gesamte institutionelle Gefüge umgestaltet werden, und eben dies geschah mit der Durchsetzung des Rechtsstaats qua Nationalstaat im 19. Jahrhundert. Der Nationalstaat löste als umfassender und zentralisierter Rechtsstaat die agrargesellschaftliche Dualität von lokaler Herrschaft und dynastischer Hoheit ab. Er zielte auf die Herstellung einer homogenen Einheit von Staatsvolk, Staatsgebiet und Staatsgewalt, die sich von anderen Einheiten unterscheidet und abgrenzt. Die primäre Leistung des Nationalstaats bestand in der Zentralisierung der Herrschaft und der damit verbundenen vollständigen Auflösung intermediärer Gewalten. Das Ideal des Nationalstaats war die Staatsunmittelbarkeit des Individuums (»gleiches Recht für alle«) und die Durchsetzung eines staatlichen Gewaltmonopols mit ausdifferenzierten Erzwingungsorganen (Polizei, Armee). Dieser Nationalstaat vereinheitlichte wichtige infrastrukturelle Elemente: Geld, Recht, Sprache, Verwaltung, Verkehrswesen, Staatsangehörigkeit (statt Gemeindebürgerrecht). Er wurde damit zum Dienstleister der komplexen marktwirtschaftlich-industriellen Ökonomie, etwa auf dem Feld der Rechtspflege (Zivilprozeß statt Fehde). Um diese Leistungen erbringen zu können, mußte eine zentrale, von oben nach unten durchstrukturierte Verwaltung errichtet werden, die den Ansprüchen bürokratischer Rationalität genügt (gegen Korruption und Klientelwesen). Ein zentrales Element dessen war eine einheitliche, rechtsförmige und kalkulierbare Besteuerung.

Es muß hier betont werden, daß dieser rationale Rechtsstaat keineswegs identisch war mit der »Demokratie«. Im heutigen Sprachgebrauch werden Demokratie und Rechtsstaat geradezu als Synonyme verstanden. Historisch waren sie dies keineswegs, im Gegenteil, es wurde zwischen beiden eine fundamentale Spannung vermutet. Die Demokratie als Herrschaft (der Mehrheit) des Volkes konnte insofern kein Rechtsstaat sein, da in ihr eben das Volk und nicht das Recht herrschte. In der klassischen Perspektive war die Demokratie eine Form der Tyrannis, in der eben nach Willkür heute so und morgen so entschieden werden konnte. Vielfach konnten Demokratie/Ochlokratie und Tyrannis sogar

49 Klassisch hierzu: Alan Macfarlane: *The Origins of English Individualism. The family, property and social transition*, Oxford 1978

50 Vgl. Georg W. Oesterdiekhoff: »Familie, Wirtschaft und Gesellschaft in Europa«, in: Rolf Peter Sieferle (Hrsg.): *Familiengeschichte. Die europäische, chinesische und islamische Familie im historischen Vergleich*, Berlin 2008, S. 47–142

als identisch angesehen werden.[51] Die Rechtsstaaten des 19. Jahrhunderts waren dagegen in der Regel keine Demokratien, sondern Monarchien mit legislativen Vertretungskörperschaften, die auch das Budgetrecht besaßen. Insofern gingen »Rechtsstaat« und »Gewaltenteilung« im Verständnis des 19. Jahrhunderts eher zusammen als »Rechtsstaat« und »Demokratie«.

Die vollständige Herrschaft des Rechtsstaats, die sich im 19. Jahrhundert durchsetzte, räumte die letzten tribalgesellschaftlichen Reste hinweg. Das Recht wurde nun als etwas Selbstverständliches angesehen, und die Menschen begannen, sich seiner Kraft unterzuordnen, ohne noch nach Alternativen Ausschau zu halten. Wenn Konflikte auftraten, rief man die Gerichte an. Wenn Gewalttaten beobachtet wurden, rief man nach der Polizei. Wichtiger als die Anwendungen der *ultima ratio* des Rechtsstaats, des Polizeieinsatzes, war jedoch das stillschweigende Vertrauen auf das Recht. Ein Rechtsstaat kann nicht funktionieren, wenn alle seine Normen in jedem Einzelfall mit Polizeigewalt durchgesetzt werden müssen. Die Erzwingung der Rechtskonformität muß immer der Ausnahmefall bleiben. Die Normen müssen so weit verinnerlicht werden, daß es gewöhnlich nicht mehr des staatlichen Zwangs bedarf, sie durchzusetzen. Wenn dies gelingt, wird der Rechtsstaat zu einem Element der Kultur, und das Vertrauen in den Rechtsstaat bzw. ein Verhalten, das seinen Regeln folgt, wird zu einem wesentlichen Element des »kulturellen Kapitals« einer Gesellschaft im Sinne von Harrison.

Eine wichtige Leistung des Rechtsstaats war die Ermöglichung des Sozialstaats. Dieser entstand ähnlich wie der Nationalstaat als institutionelle Lösung eines Problems, das sich durch die Auflösung der Bürgergemeinden gestellt hat. Mit der Industrialisierung wurde die Mitgliedschaft in einer Gemeinde zum Mobilitätshindernis der Arbeitskräfte und damit obsolet. Im Zuge der Einführung von Gewerbefreiheit und Freizügigkeit trat die Einwohnergemeinde an die Stelle der Bürgergemeinde, und die Gemeindebürgerschaft wurde zur Staatsbürgerschaft ausgeweitet. Da der Nationalstaat in größerem Maßstab ebenso exklusiv war wie die Bürgergemeinde, konnte er sich als deren Extension verstehen und als Sozialstaat konstituieren. Seine Leistungen, die immer weiter ausgedehnt wurden, kamen lediglich den eigenen Staatsbürgern zugute (wie dies bei der Bürgergemeinde analog ebenso der Fall war). In diesem Sinne waren beide exklusiv nach außen, aber inklusiv nach innen. Eben diese Relation von Exklusion und Inklusion definiert aber bis heute das problematische Wesen des (nationalen) Sozialstaats.

Der Sozialstaat vollendete die Auflösung der Tribalgesellschaft, da er deren letztes Element, die Familie, beseitigte. Alle übrigen intermediären, also zwischen dem Individuum und dem Staat stehenden Institutionen waren schon zuvor in einem langen, schmerzhaften Prozeß verschwunden. Dies galt für die größeren Personenverbände, also die Stämme oder Clans, die schon im späten Mittelalter an Bedeutung verloren hatten. Im 19. Jahrhundert traf dieses Schicksal auch die kleineren Genossenschaften, die Gemeinden und die Zünfte. Im 20. Jahrhundert geriet schließlich auch die Kern- oder Kleinfamilie ins Visier der Auflösung. Der immer mächtiger werdende Staat ging daran, die letzten Primärorganisationen zu beseitigen, die seiner Allmacht entgegenstanden.

Der Sozialstaat wirkt nicht nur als exklusive Einheit redistribuierend, sondern er hat als Einheit der Umverteilung mittlerweile auch die unteren Segmente der Gesellschaft ergriffen, nicht nur Regionen und Gemeinden, sondern auch die Familien. Diese übernehmen immer weniger elementare redistributive Funktionen (wie Kindererziehung, Gesundheitspflege, Altersversorgung), sondern diese zieht der Staat in immer stärkerem Maße an sich, indem er sie organisiert und finanziert, aber auch obligatorisch macht. Selbst wenn bestimmte Aufgaben wie Kinderbetreuung oder Altenpflege noch teilweise von den Familien übernommen werden, gilt es zunehmend als angemessen, wenn die Familien dafür vom Staat finanziell entschädigt werden. Die Familie wird dadurch tendenziell vom Staat absorbiert, so daß tatsächlich nur noch »Individuen« übrigbleiben, was konkret etwa im Wegfall des Ehegattensplittings oder in der Gleichstellung von Homosexuellen zum Ausdruck kommt.

Dieses Vorgehen wurde in Europa in der zweiten Hälfte des 20. Jahrhunderts erstaunlich erfolgreich betrieben, und es hat sich in den meisten Ländern ausgebreitet. Ein Produkt dieser Entwicklung ist der

51 Napoleon III. wird der Satz zugeschrieben, es bestehe kein Unterschied, ob das französische Volk von 300 Personen oder von einer Person repräsentiert wird.

»betreute Mensch«,[52] der die Vielfalt von sozialstaatlichen Leistungen, die ihm zufließen, für selbstverständlich hält: Bildung/Ausbildung, Gesundheitswesen, Infrastruktur, Kindergärten, Erziehungsgeld, Schwimmbäder, Sportstadien, Altersheime etc. Der betreute Mensch wird im Zuge dieser Entwicklung immer weicher und unselbständiger. Die Jungen werden zu Mädchen erzogen. Die Menschen werden empfindlicher, allergischer, veganer. Sie leben schutzlos in einer immer gefährlicher werdenden Welt. Sie beginnen spät im Leben mit der Arbeit, gehen früh in Rente, machen viel Urlaub und hoffen auf die 30-Stunden-Woche. Im Idealfall beginnt das Rentnerleben schon in der Jugend, mit bedingungslosem Grundeinkommen. Man pocht auf zahlreiche »Rechte«: auf Wohnung, Nahrung, »Bildung«, Urlaub, Kultur, Gesundheit, intakte Umwelt.

Diese Individuen wissen allerdings nicht, daß ihre Existenz als Individuen keineswegs selbstverständlich ist, sondern auf exklusiven und historisch als auch global sehr unwahrscheinlichen Leistung des Nationalstaats als Sozialstaat beruht. Daher meinen sie, auf diesen ebenfalls verzichten zu können, indem sie ihn universalistisch auflösen. Was sie vor allen Dingen nicht mehr wissen, ist die Tatsache, daß jenseits des Rechtsstaats nicht etwa das anarchisch-universalistische Reich der emanzipierten Individuen liegt, sondern die Ordnungen des Behemoth, also die Herrschaft der Clans.

Was geschieht nun, wenn Menschen aus Tribalgesellschaften in großen Massen in die rechts- und sozialstaatlich geprägten Räume einwandern? Diese Menschen leben im mentalen Horizont ihrer Tribalgesellschaften, und diesen verlassen sie mit ihrer Wanderung keineswegs. Das Konzept des Rechtsstaats, wie es die Europäer in einer mühevollen, sich über Jahrhunderte hinziehenden Geschichte entwickelt und verinnerlicht haben, ist ihnen fremd. Die Einwanderer werden versuchen, ihre tribalgesellschaftlichen Gewohnheiten auch in den rechtsstaatlichen Gesellschaften auszuleben, und hierbei ist mit einer Reihe von Konflikten zu rechnen.

Ein Grundmuster der Tribalgesellschaft besteht darin, daß man dem »Staat«, also der übertribalen dynastisch-imperialen Herrschaft fundamental mißtraut. Wenn Konflikte zwischen Mitgliedern von

Tribalgesellschaften auftreten, neigen diese nicht dazu, sich an den »Staat«, also an die Gerichte zu wenden, sondern sie versuchen, diese Konflikte auf bewährte Art mit Mediatoren, aber auch durch Appell an Verbündete innerhalb der eigenen Klientelverbände zu lösen. Dann stehen tribale Gruppen gegen tribale Gruppen, die verhandeln mögen, die aber auch zur Fehde greifen, wenn die Verhandlung gescheitert ist. Der »Staat«, der sich dann vielleicht einmischt, wird keineswegs als übergeordnete rechtsvollziehende Instanz angesehen, sondern als Partei unter Parteien. Der Polizei weicht man, weil sie besser bewaffnet oder in der Überzahl ist, nicht aber, weil man sie als Vertretung des staatlichen Gewaltmonopols wahrnimmt. Ein staatliches Gewaltmonopol gibt es im tribalgesellschaftlichen Kontext nicht. Die Gewalt der einen Partei ist nicht legitimer als die der anderen – sie kann höchstens überlegen sein, so daß man ihr (zunächst einmal) weicht.

Die Einwanderung aus Tribalgesellschaften in rechtsstaatliche Gesellschaften führt also dazu, daß die Rechts- und Sicherheitslage deutlich komplexer wird. Neben den Rechtsstaat tritt nun wieder die Tribalgesellschaft, die diesen nicht als überlegene Formation anerkennt. Problematisch wird dies für die Individuen, die sich über Generationen hinweg mental auf die Existenz des Rechtsstaats verlassen haben. Wenn dieser zurückweicht, bleiben sie schutzlos zurück, denn sie haben es verlernt, Verbündete zu suchen, sich spontan bzw. dezentral zu organisieren und ihre Interessen selbst in die Hand zu nehmen. Die atomisierten Individuen, die aus der Zertrümmerung der intermediären Strukturen hervorgegangen sind, stehen vor einer neuartigen evolutionären Herausforderung. Können sie sich nach dem Rückzug des Rechtsstaats noch behaupten? Welche Reaktionsformen sind angemessen? Müssen sie den Staat, der ja immer noch existiert und immer noch (gegen alle Evidenz) auf sein Gewaltmonopol pocht, weiterhin respektieren, können sie ihn ignorieren, ihm ausweichen oder müssen sie ihn gar als Gegner ansehen, der ihre Spielräume der Selbstverteidigung einschränkt?

Wir werden ein großes Spektrum von Reaktionsweisen beobachten können. Es ist sehr unwahrscheinlich, daß alle atomisierten Individuen

52 Helmut Schelsky: *Der selbständige und der betreute Mensch*, Stuttgart 1976

sich widerstandslos der Herrschaft der Clans unterwerfen werden. Einige werden kämpfen, einige werden Erfolge haben, und einige werden in der Lage sein, sich selbst wieder tribalgesellschaftlich zu organisieren. Die Zukunft liegt dann nicht so sehr in einem Nebeneinander von Rechtsstaat und Tribalgesellschaften, sondern in einer multitribalen Gesellschaft, in welcher der Rechtstaat einen Stamm unter Stämmen bilden kann.

Werfen wir einen kurzen Blick auf die quantitative Dimension. In einer postrechtsstaatlichen Gesellschaft, in der gewaltsame Fehden ausgetragen werden, spielt die absolute Zahl der Menschen keine Rolle mehr. In der Demokratie hat jeder Bürger eine Stimme, wie schwach und inkompetent er auch sein mag, und vor dem Gesetz sind alle gleich. In der Tribalgesellschaft ist dies anders. Hier kommt es darauf an, starke, handlungsfähige, kampfbereite Verbündete zu gewinnen, und da zählt ein junger Krieger mehr als eine alte Frau.

In Deutschland gibt es zur Zeit etwa 5 Millionen junge Männer im Alter zwischen 20 und 35 Jahren. Zieht man davon eine Million Männer mit »Migrationshintergrund« ab, so bleiben 4 Millionen ethnisch deutsche Männer. Die Einwanderung von jungen Männern aus Tribalgesellschaften beträgt zur Zeit etwa 800.000 Personen im Jahr. Dies bedeutet, daß in fünf Jahren etwa ebenso viele tribalgesellschaftliche junge Krieger in Deutschland leben werden, wie es deutsche Männer in ihrer Altersgruppe gibt. Der quantitative Effekt der Einwanderung auf die indigene Bevölkerung ist also weit höher, als wenn man nur die absolute Zahl der Einwanderer (1 Million) in Bezug setzt zur Gesamtbevölkerung (80 Millionen), was im Jahr nur 1,25 % sind.

Allerdings bedeutet dies nicht, daß sich innerhalb von nur fünf Jahren gleich große Bürgerkriegsarmeen gegenüberstehen werden. Die Einwanderer entstammen zwar Tribalgesellschaften und verfügen über die entsprechende Aggressivität, doch kommen sie aus sehr verschiedenen Gesellschaften, d. h. sie bilden keinen einheitlichen »Stamm«, auch wenn sie (etwa als sunnitische Muslime) bestimmte kulturelle Gemeinsamkeiten haben. Was ihnen jedoch fehlt, ist eine umfassende Organisation. Sie sind daher trotz ihrer Größe nicht zu einem koordinierten Angriff fähig, während die nationalen Sicherheitsbehörden (Polizei, Bundeswehr) dazu durchaus in der Lage sind. Eine generelle Erfahrung komplexer Gesellschaften lautet, daß militärisch gut organisierte Minderheiten in der Lage sind, größere Mehrheiten zu beherrschen, solange es gelingt, diese desorganisiert zu halten. Eine militärische Machtübernahme von Islamisten ist daher nicht zu erwarten.

Statt dessen aber ist der Rückzug des Rechtsstaats aus der Regelung von Alltagskonflikten sehr wahrscheinlich. Die Existenz und Legitimität des Rechtsstaats beruht letztlich auf seiner nicht in Frage gestellten Selbstverständlichkeit. Diese wird im multitribalen Kontext aber aufgelöst, und es entsteht eine merkwürdige Gemengelage unterschiedlicher normativer Orientierungen. So kann man (in der heutigen Anfangsphase der Auflösung des Rechtsstaats) beobachten, daß dieser seine feinsinnigen, auf eine hochgradig integrierte und befriedete Gesellschaft eingestellten Regeln auch auf Situationen anwendet, die nahe am Bürgerkrieg liegen. So gibt es bei Gesetzesverstößen das Institut der Bewährungsstrafe, das von der Annahme ausgeht, die Regelverletzung sei ein reversibler Irrweg, und man dürfe dem Verletzer nicht den »Rückweg« in die normale soziale Existenz verbauen. Wenn man diese Bewährungsstrafe auf einen Delinquenten aus einer Tribalgesellschaft anwendet, wird er dies als Freispruch und damit als Ausdruck von Schwäche interpretieren. Er muß sich nicht »bewähren«, denn seine »Integration« in die eigene Gesellschaft hat er nie verloren. Die deutsche rechtsstaatlich geprägte Gesellschaft ist für ihn dagegen bloßes Beutegebiet, auf das er umso entschlossener zugreifen wird, je schwächer der Widerstand ist.

DIE LÄNGERE HISTORISCHE PERSPEKTIVE

Betrachten wir zum Schluß die sich aktuell vollziehende Völkerwanderung in einer längeren historischen Perspektive. Vor etwa 80.000 Jahren verließen Teile der Spezies *Homo sapiens* ihre Herkunftsgebiete in Afrika und begannen, sich über die gesamte Welt auszubreiten. Dies hatte gravierende anthropologische Konsequenzen. Die auswandernden Menschengruppen waren in Relation zur Ausgangsbevölkerung relativ klein, so daß sie nur einen Ausschnitt aus dem Genpool der Ursprungsbevölkerung mitnehmen konnten. Die genetische Varianz ist bis heute in Afrika weit größer als in anderen Gebieten der Welt. Es haben im Zuge der Migration Phänomene der Gendrift, der Umweltselektion, der innerartlichen Selektion und der Mutation stattgefunden, was dazu geführt hat, daß die Menschen sich zu unterschiedlichen Rassen ausgeprägt haben. Der größte Abstand besteht zwischen Afrikanern und Australiern, da hier der Trennungszeitpunkt am weitesten zurückliegt.

Die Isolation ausgewanderter Menschengruppen voneinander hat also in der Rassenbildung einen genetischen Aspekt, zu dem die Ausbildung unterschiedlicher Kulturen hinzugetreten ist. Die Menschen differenzierten sich nicht nur genetisch als Rassen, sondern auch kulturell als Ethnien oder Völker. Dies sind Prozesse, die sehr weit in die Vergangenheit zurückreichen und eine gewisse Zähigkeit entwickelt haben, weshalb sie nicht ohne weiteres reversibel sind. Die Pluralität der Menschheit ist nicht nur ein Phänomen kurzfristiger sozialer Konstruktion, sondern Ergebnis länger angelegter Isolation und Rekursionen in kleinem Maßstab.

Mit der Entstehung der Landwirtschaft, vor allem aber der Ausprägung komplexer agrarischer Zivilisationen, die vor etwa 5.000 Jahren eingesetzt hat, fand eine erste Reversion dieses Diffusions- und Isolationsprozesses statt. Agrarische Zivilisationen entwickelten Fernhandel über die Meere und formierten sich zu größeren Imperien, die zahlreiche Völker umschließen und politisch integrieren konnten. Es trat nun ein Phänomen auf, das in der Forschung als die Entstehung von *world systems* bezeichnet wird.[53] Mit diesem (etwas mißverständlichen) Begriff sind nicht etwa weltumspannende Systeme gemeint, sondern Großraumordnungen, die einen regelmäßigen Verkehr und damit einen Austausch wesentlicher Parameter wie Waren, Organismen, Wissen und Techniken umfassen.

Diese Weltsysteme können auch als einzelne Zivilisationsräume verstanden werden, die sich zunächst um ein Zentrum gruppieren, um sich dann in einen umfassenderen Verkehrszusammenhang zu integrieren. Hierbei lassen sich einige Stadien unterscheiden. Das erste Weltsystem umfaßte die altorientalischen Zivilisationen von Ägypten und Mesopotamien (vor ca. 5.000 Jahren), die sich mit der Zeit in den Mittelmeerraum und nach Osten ausbreiteten. Hinzu traten dann die neueren Zivilisationsräume des Fernen Ostens und des indischen Subkontinents, wobei allerdings zunächst die Beziehungen zwischen diesen Weltsystemen noch recht schwach waren. Um die Zeitenwende finden wir dann bereits einen recht intensiven Austausch über den gesamten südeurasischen Gürtel, vom Mittelmeerraum bis China und Japan, wovon auch die indonesische Inselwelt erfaßt wurde. Außerhalb dieses großen, zunehmend integrierten Weltsystems befanden sich im späten Mittelalter nur noch der amerikanische Kontinent, das südsaharische Afrika und große Teile des Pazifik.

Das Zeitalter der europäischen Expansion, das im 15. Jahrhundert begann, schloß nun innerhalb sehr kurzer Zeit auch diese letzten Räume zu einem einheitlichen Weltsystem zusammen. Der Prozeß der Diffusion der Menschheit lief allerdings noch einige Zeit parallel zu der neuen Integration, jedenfalls im Pazifik. Die polynesische Expansion, in deren Verlauf Hawaii, Neuseeland oder die Osterinsel besiedelt wurden, fand zu einer Zeit statt, als die Haupttendenz bereits in Richtung Integration verlief.

Wir können hier also grob zwei Stadien unterscheiden: In der ersten Phase kam es zu einer Diffusion der Menschheit mit starker biologischer und kultureller Differenzierung. Diese Haupttendenz wurde bereits von 5.000 Jahren prinzipiell umgekehrt, und es formierten sich zunehmend

53 Andre Gunder Frank & Barry Gills (Hrsg.): *The World System*, London 1993

integrierte Großräume. So sind in Eurasien die wichtigsten agrarischen Organismen vom Mittelmeer bis in den Fernen Osten zu finden (Weizen, Reis, Erbsen, Linsen, Kohl, Äpfel, Kirschen, Zitrusfrüchte, Rinder, Schweine, Pferde, Schafe, Ziegen, Hühner, Gänse, Enten, Bienen). Dies gilt auch für Schlüsseltechniken und technische Verfahren (Rad, Töpferscheibe, Webstuhl, Eisenverhüttung, Mühle, Schießpulver). Außerhalb des eurasischen Weltsystems gab es all das nicht, also weder in Amerika noch im südlichen Afrika oder im pazifischen Raum.

Die europäische Expansion der frühen Neuzeit hat also die »Globalisierung« nicht erfunden, wohl aber beschleunigt und vollendet. Seit dem 19. Jahrhundert sind prinzipiell alle Teile der Welt miteinander verbunden, alle Techniken und alle Organismen sind ubiquitär geworden. Der eigentliche Sprung des 19. Jahrhunderts lag also nicht darin, ein »Weltsystem« zu schaffen, sondern darin, daß eine industrielle Transformation einsetzte, die von Europa ausging und sich rasch über die gesamte Welt verbreitete.

Der Pionier dieser industriellen Transformation war Europa, und die »neoeuropäischen« Siedlungsgebiete hatten begreiflicherweise die geringsten Schwierigkeiten, sich diesem Muster anzuschließen. Dies gilt jedenfalls für das nördliche Amerika, für Australien und Neuseeland. Schon im südlichen Amerika ist die Lage schwieriger. Dort fand zwar, wie im Norden, eine Entkolonialisierung statt, doch gelang es nicht, solche kulturell-institutionellen Bedingungen aufzubauen, die eine wirklich erfolgreiche Übernahme des europäischen Industrialisierungsmusters gestatteten.

Den umgekehrten Fall haben wir im Fernen Osten vor uns. Japan war das erste nicht-europäische Land, dem es gelang, mit Europa technisch, industriell, institutionell, wissenschaftlich und kulturell gleichzuziehen. Diesem Vorbild konnten Südkorea, China (erst Taiwan, dann die VR) folgen, und auch für Länder wie Vietnam oder Thailand sind die Prognosen nicht schlecht.

Interessant und komplex ist der Fall zweier Zivilisationen, die sich in nächster Nähe zu Europa befinden, ohne doch zu Europa zu gehören. Die erste dieser Zivilisationen ist Rußland, das seit 300 Jahren versucht, auf den Zug der europäischen Entwicklung aufzuspringen, ihn gar zu überholen ohne einzuholen, und das doch immer wieder in die alte Misere zurückfällt. Hier kann die Bedeutung und Zähigkeit kulturell-institutioneller Faktoren studiert werden. Rußland ist ein sehr großes und (was die natürliche Ausstattung betrifft) sehr reiches Land, dem es aber nicht gelingt, diesen Reichtum in allgemeinen Wohlstand umzusetzen.

Der zweite Fall ist der islamische Nahe Osten, vor allem die Nachfolgestaaten des Osmanischen Reichs. Die einzige Provinz des ehemaligen Osmanischen Reichs, der es gelungen ist, sich an die europäische Entwicklung anzuschließen, ist Israel, das in jeder Hinsicht als westliches demokratisches Industrieland zu sehen ist. Der Grund für diesen Erfolg liegt nicht im Judentum, sondern in der primär europäischen Herkunft der Bevölkerung, vor allem in der Gründungsphase. Abgesehen von diesem Sonderfall bildet der Nahe Osten ein Trauerspiel. Es sind praktisch keine Ansätze zu einer selbständigen industriellen Entwicklung zu beobachten. Der Reichtum, der existiert, rührt in erster Linie aus der Extraktion von natürlichen Ressourcen, die allerdings – immerhin, vergleicht man den Nahen Osten mit Rußland oder Venezuela – nicht nur verschwendet, sondern auch sinnvoll investiert werden.

Verlängert man den Prozeß der Globalisierung linear in die Zukunft, so könnte man erwarten, daß sich in ihm längerfristig alle Differenzierungen abschleifen und sich wieder (wie in Afrika vor über 60.000 Jahren) eine einheitliche »Menschheit« konstituiert. Solche Phantasien sind heute weit verbreitet. Die im Zuge der Diffusion und Isolation entstandenen Unterschiede zwischen Menschenrassen, Völkern und Kulturen könnten in einem großen *melting pot* zusammengeschmolzen werden, woraus ein neuer einheitlicher Menschentypus hervorgeht.

Man sollte allerdings nicht übersehen, daß Menschen nicht nur nach Anerkennung als Gleiche, sondern auch nach Distinktion streben. Sollte es eine Großtendenz zur Universalisierung geben, so würden sicherlich Widerstandszentren entstehen, die sich dem entgegenstemmen und auf der Bewahrung einer eigentümlichen Identität bestehen. Dies kann in physiologischer wie in kultureller Hinsicht der Fall sein. Die Menschheit mag phänotypisch einem mittleren Standard zustreben, aber dann würden die Extreme umso begehrter. Eine blonde, blauäugige und hellhäutige Frau würde sicherlich im Harem einen höheren Preis erzielen als ein Durchschnittstypus. Wenn die Weltkultur vollständig macdonaldisiert wäre und alle das gleiche Pidgin sprächen, gäbe es sicherlich Menschen, die sich davon unterscheiden wollten und sich der einen oder anderen Tradition zuwenden würden. Ganz bruchlos würde dieser Homogenisierungsprozeß vermutlich nicht verlaufen.

Doch dies ist alles Zukunftsmusik. Wenden wir uns einer aktuelleren Frage zu. Die industrielle Transformation steht vor einem fundamentalen Problem: Die Agrargesellschaft, die als solche einen Bestand von immerhin rund 10.000 Jahren hatte, war prinzipiell gleichgewichtsfähig, d. h. ihre sozialmetabolische Strategie bestand darin, sich in natürliche Energieflüsse einzuschalten und diese für ihre Zwecke umzuleiten und zu kontrollieren. Diese Gesellschaften waren prinzipiell »nachhaltig«, d. h. sie waren in der Lage, ihren »Betriebszustand« über längere Zeiträume hinweg aufrechtzuerhalten.

Die Industrialisierung, die vor etwa 250 Jahren begonnen hat und inmitten deren wir uns heute noch befinden, hat einen fundamentalen Bruch mit diesem Muster vorgenommen. Ihr zentrales sozialmetabolisches Merkmal ist ihre strukturelle Nicht-Nachhaltigkeit, d. h. es wäre ausgeschlossen, die produktiven Systeme, die heute genutzt werden, über längere Zeiträume unverändert weiter zu betreiben. Es gibt in den westlichen Ländern, vor allem in Deutschland, nicht wenige Menschen, die meinen, man könne auf weiteres Wachstum verzichten. Schließlich habe man ja alles, was man braucht, weshalb man sich zurücklehnen und sein Leben genießen solle. Sie befinden sich damit in einem fundamentalen Irrtum.

Die aktuelle industriegesellschaftliche Wirtschaft befindet sich in einer Übergangsphase, die als solche nicht längere Zeit aufrechterhalten werden kann. Am deutlichsten ist dies in energetischer Hinsicht. Man verfügt über keine Energiequellen, die den aktuellen Energiebedarf dauerhaft decken könnten. Die fossilen Energieträger, auf deren Nutzung die Industrialisierung energetisch beruht, sind in zweierlei Hinsicht nicht auf Dauer angelegt. Ihr Bestand ist endlich und wird irgendwann in näherer Zukunft (und nicht erst in 10.000 Jahren) erschöpft sein. Viel früher wird aber die klimatisch verträgliche Aufnahmekapazität der

Atmosphäre für CO_2 ausgeschöpft sein. In energetischer Hinsicht sind die Zeiträume, in denen nachhaltige Versorgungssysteme aufgebaut werden müssen, sehr klein.

Diese strukturelle, also prinzipielle, auf dem Wesen der Industrialisierung selbst beruhende Nicht-Nachhaltigkeit findet sich in zahlreichen Gebieten, nicht nur auf dem Energiesektor:

- Zunächst ist an das Vorkommen von Erzen und Mineralien zu denken, die durch den Abbau zunächst weiter konzentriert, dann aber über die Erdoberfläche oder in die Weltmeere diffundiert werden. Die Anzahl der Kupferatome in der Erdkruste mag konstant sein, ihre Verteilung und ihre Konzentration ist es jedoch nicht. Daher wird es immer schwieriger, geeignete Rohstoffe zu finden, je länger das Industriezeitalter andauert.

- Für die künstliche Bewässerung in der Landwirtschaft werden fossile Wasservorräte verbraucht, die sich in Zeiträumen aufgebaut haben, die um Größenordnungen länger sind als die Zeiträume des Verbrauchs.

- Die Erde weist noch immer eine hohe Biodiversität auf, die jedoch aufgrund der Zerstörung von Lebensräumen rapide abnimmt.

- Die mechanisierte Landwirtschaft ermöglicht es zwar, große Hektarerträge zu erzeugen, doch beschleunigt dies die Erosion der Böden, zerstört also eine naturale Grundlage der industriellen Landwirtschaft.

- Die Fähigkeit von Antibiotika, Krankheitserreger abzutöten, verringert sich im Laufe der Zeit. Immer mehr Erregern gelingt es, immun gegen Antibiotika zu werden. Damit findet ein neuer Wettlauf zwischen Mikroorganismen und ihrer Bekämpfung statt, mit gravierenden Konsequenzen für die Zukunft der Infektionskrankheiten.

- Ähnliches gilt auch für den Wettbewerb zwischen Pflanzenschutzmitteln und Parasiten, der immer wieder neue Anstrengungen erfordert.

Angesichts dieser Situation ist die Vorstellung abwegig, man könne heute auf Innovationen und Wirtschaftswachstum verzichten und sich bereits in einem stationären Zustand einrichten. Ein solcher neobiedermeierlicher stationärer Zustand wäre nicht nachhaltig, da er in vielerlei Hinsicht auf schwindenden Voraussetzungen beruhte. Für die naturale (stofflich-energetische) Seite der Industriegesellschaft steht fest, daß nur Effizienzsteigerung und Substitution, also technischer Fortschritt, Lösungen bringen können. Technischer Fortschritt ohne »Wirtschaftswachstum«, also ohne schöpferische Zerstörung, ist jedoch extrem unwahrscheinlich. Die Erfahrung zeigt, daß technischer Fortschritt nicht geplant werden kann, sondern sich im Medium von Suchprozessen auf Märkten ergibt, und diese funktionieren nur, wenn es Freiheit und Gewinn gibt. Der »reale Sozialismus« hat praktisch keine nennenswerte technische Innovation hervorgebracht – jedenfalls außerhalb des militärischen Sektors.

Das Industriesystem stößt also auf naturale, begrenzende Faktoren: Erschöpfung von Beständen und Auffüllung von Senken. Beide Tendenzen sind stark, doch kann technischer Fortschritt kompensierend und verzögernd wirken: Substitution von Ressourcen, Recycling, Senkenkontrolle, Umweltschutz. Es gibt keinen prinzipiellen Grund, weshalb es kein naturales Gleichgewicht geben sollte, in dem die Entnahme von Ressourcen und das Auffüllen von Senken abgelöst werden von einer Kreislaufwirtschaft, in der sich nur noch Formenwandel vollzieht. Es sind allerdings gewaltige Innovationen erforderlich, um aus der aktuellen Situation der strukturellen Nichtnachhaltigkeit herauszukommen. Man braucht dazu zweierlei: 1. wissenschaftlich-technischen Fortschritt; 2. dessen industrielle Implementierung.

Hiermit geraten wir an das Problem der Steuerung. Der Steuerungsmodus des Industriesystems ist im wesentlichen evolutionär. Es hat zwar immer wieder Forderungen gegeben, an die Stelle der »anarchischen« Selbstordnung des Marktes eine »vernünftige« zentrale Planung zu setzen, doch hat sich gezeigt, daß dies aus mehreren Gründen nicht funktioniert. Die wichtigsten sind:

- Die »vernünftige« Planung bleibt unterhalb des Komplexitätsniveaus einer wachsenden Ökonomie und funktioniert deshalb nur in relativ einfachen (Pionier-)Systemen wie in der Sowjetunion der 1930er Jahre. Je größer, differenzierter und dynamischer die Ökonomie ist, desto unfähiger ist die Planung.

- Planung entdifferenziert Politik und Ökonomie, weshalb sie zu Zuständen der Vermachtung tendiert, inklusive der damit verbundenen Mißbräuche, also Parasitismus, Korruption, ideologische Phantasmen, exzessive Gewaltanwendung, schließlich Erstarrung.

Die Alternative zur politischen Steuerung ist die evolutionäre Selbstorganisation, die jedoch ihre eigenen dysfunktionalen Merkmale hervorbringen kann, etwa Wirtschaftskrisen, Marktversagen, Verschwendung oder parasitäre Aneignung. Zur Zeit erleben wir eine Emanzipation des Finanzsystems von der produktiven Wirtschaft, und niemand weiß, wie man dieses Problem bewältigen kann. Die vordergründig plausiblen Vorschläge, dies durch politische Steuerung, also Vermachtung, zu lösen, werden vermutlich die Problemlage eher verschärfen, da sie eine weitere (ideologieanfällige) Mißbrauchsebene einziehen.

Damit kommen wir zu den spezifischen Problemen der Politik. Ein wesentliches Problem jeder Herrschaftsausübung, die Neigung zu einer Kombination von ideologischen Phantasmen und Machtexzessen, bis hin zur Kriegsführung, scheint für die westlichen Länder beendet zu sein. In näherer Zukunft ist kein großer Krieg zwischen den komplexen Gesellschaften zu befürchten, da alle wissen, daß sie in ihm mehr zu verlieren als zu gewinnen haben. Das Hauptproblem der Politik liegt in den westlichen Staaten heute in der ochlokratischen Tendenz des Sozialstaats, mit der Aussicht einer genuinen Entwicklungsblockade durch eine Kombination von Verschwendung, Fehlallokation und moralischer Zerrüttung. Die Politik ist nicht in der Lage, die

Steuerungsdysfunktionen der Ökonomie zu beheben, im Gegenteil: Sie verstärkt sie und fügt ihnen weitere hinzu. Hier besteht die Gefahr der politischen Lähmung, des Staatsbankrotts und der parasitären Exzesse (extrem zu beobachten in Rußland, aber auch in einem Schwellenland wie Venezuela).

Die aktuelle Situation in Europa, vor allem aber in Deutschland ist von tiefen Paradoxien geprägt, die noch lange nicht richtig verstanden sind. Einige fallen auf:

- Der Rechtsstaat beruht als (demokratischer) Nationalstaat auf der Unterscheidung zwischen Bürgern und Nicht-Bürgern. Gibt er diese Unterscheidung auf, verwandelt er sich vom Rechtsstaat nicht unbedingt (wie manche Phantasten hoffen) in ein individualistisches Freiheitsparadies, sondern in eine von multitribalen Warlords beherrschte Kampfzone.

- Der Sozialstaat beruht auf dem (demokratischen) Nationalstaat und ist als Genossenschaft zu begreifen, innerhalb deren Lebensrisiken umverteilt werden. Öffnet man ihn für alle Menschen, so verschwindet er in kurzer Zeit durch Überforderung, was zu Lasten der eigenen Bürger geht, die auf ihn angewiesen sind. Der Sozialstaat beruht auf der impliziten Annahme, daß seine Leistungen nur einer bedürftigen Minderheit zugute kommen, während die Mehrheit aus Leistungsträgern besteht, die dies durch Umverteilung finanziert. Wenn also ein Trend in Gang kommt, wodurch die Zahl und das Anspruchsniveau der Leistungsempfänger steigt und gleichzeitig die der Leistungsträger abnimmt, gerät das System in eine fundamentale Krise und bricht schließlich zusammen.

- Ein weltanschauliches Problem besteht in der Abkehr der Bevölkerungen in den Industrieländern von der Orientierung auf die eigene Nation und deren ideologische Ersetzung durch den humanitären Universalismus. Damit entfällt die Unterscheidbarkeit von Eigenem und Fremdem mit der Folge, daß man nur noch

»Menschen« bzw. Individuen sieht. Es gibt auf der Welt aber fast acht Milliarden »Menschen«, und es ist damit ein kontingenter Fall, wer als potentieller Empfänger von Sozialstaatsleistungen auftritt und wer nicht. Tendenziell (bzw. prinzipiell) müßte jeder »Mensch« ein potentieller Empfänger von Sozialstaatsleistungen sein, unabhängig von Standort oder Staatsbürgerschaft. Wollte man die humanitäre Grundlage des Sozialstaats in diesem Sinne verwirklichen, würde dieser in kürzester Zeit verschwinden.

- Die Industrieländer verstehen sich häufig als »reich«, doch zeigt eine nähere Betrachtung, daß sie dies nicht sind. Das gesamte Vermögen der BRD beträgt gerade einmal das Dreifache des BIP. Die fortgeschrittenen Industrieländer sind nicht reich, sondern sie sind leistungsfähig! Diese Leistungsfähigkeit beruht auf einer Vielzahl von (bislang kaum verstandenen) institutionellen und kulturellen Bedingungen. Zerstört man diese, schwindet die Prosperität. Selbst wirklich reiche Länder (wie Rußland oder Venezuela) geraten in Armut, wenn man die institutionellen Bedingungen nicht aufbaut und pflegt. Reichtum kann man konfiszieren und umverteilen, Leistungsfähigkeit aber nicht. Welches genau die Bedingungen und Grundlagen der ökonomischen Leistungsfähigkeit sind, weiß aber niemand. Es kann sich um Elemente tradierter Kompetenz und evolvierter Strukturen handeln, zu denen Infrastruktur, Investitionen, Kapital gehören. Hinzu kommen aber auch »weichere« Elemente, wie »Humankapital« (Ausbildung), Rechtssicherheit, Vertrauen (»kulturelles Kapital«) und Leistungsbereitschaft. Hier kann es sich um ein Paket handeln, das nicht ohne weiteres aufgeschnürt werden kann und das leicht zu beschädigen ist.

- Die Kehrseite der Multikulturalität kann in der Zerstörung von sozialem bzw. kulturellem Kapital liegen, von Vertrauen und Kooperationsbereitschaft, mit der Folge steigender Transaktionskosten. Es kann schließlich dazu kommen, daß sich die leistungsfähigen Industrieländer selbst ihre mental-kulturelle Basis entziehen, vom inflationierten Bildungswesen über die Disziplin und Konzentrationsfähigkeit der Arbeitskräfte bis hin zur Billigung und Ausbreitung von asozialem und parasitärem Verhalten. Vielleicht haben wir hier einen evolutionären Prozeß der Selbstdestruktion vor uns: Die Menschen in den reichen Zonen reißen selbst das Wohlstandsplateau ein, auf dem sie (mit schlechtem Gewissen angesichts des Elends in der Welt) leben.

Hier kann das Phänomen der »Hypermoral« (Gehlen) identifiziert werden, bei der es sich in funktionaler Hinsicht um einen begrenzenden Faktor im Sinne des *moral overstretch* handelt, also um eine moralische Sensibilität, die selbstzerstörerische Züge trägt. Der konzentrierteste Ausdruck dessen in Deutschland ist die grüne Bewegung, deren Programm eine Ansammlung von irrealen Luxusforderungen bildet, deren Verwirklichung den Eintritt der Begrenzung enorm beschleunigen würde. In diesen Katalog gehören:

- unbegrenzte Zulassung von Armutsimmigration, was zum *social overstretch* sowie zur Zerstörung von kulturellem Kapital führt

- Verbot oder Behinderung zahlreicher technischer Innovationen, etwa
    - grüne und rote Gentechnologie – Entkopplung der deutschen chemischen Industrie von der globalen Entwicklung

    - Fracking – Dramatisierung der ohnehin problematischen Energiewende

    - Kernenergie – Verzicht auf eine Fundamentalalternative der Energieversorgung angesichts des CO_2-Problems

    - Irrationale Festlegung auf technische Lösungen wie Windräder oder Elektroautos, ohne Lösung fundamentaler Probleme (Intermittenz, Stromspeicherung)

Dieser Gesamtkomplex führt zu einer Verschlechterung der Standortbedingungen in Deutschland: höhere Faktorenkosten, mehr bürokratische Regulation, Abschneiden ganzer Entwicklungszweige (die aber von Konkurrenten im Ausland weiter verfolgt werden).

- Ideologisch motivierte Eingriffe in die Gesellschaft, etwa
    - Frauenquoten
    - Zwangskindergarten, Inklusion
    - Senkung des Leistungsniveaus an den Schulen
    - Einmischung in die Ernährungsgewohnheiten
    - überzogener Datenschutz (schadet der Verbrechensbekämpfung und hilft illegalen Datensammlern)
    - Unterdrückung politisch unerwünschter Meinungen, vor allem im Internet

Da diese Begrenzungseffekte ausschließlich im nationalen Rahmen auftreten, begünstigen sie Konkurrenten, die nicht hypermoralisch eingestellt sind, etwa China oder Rußland. Dies könnte ein Element der Selbstbegrenzung sein, wodurch eine Homogenisierung des technisch-ökonomischen Niveaus erreicht wird – jedenfalls solange sich alle avancierten Länder an diesem Spiel beteiligen. Sollten einige Länder nicht mitspielen (USA, Japan, Australien), so hätten diese einen enormen Standortvorteil.

Die europäische Zivilisation befindet sich zur Zeit in einem Prozeß der Selbstzerstörung, der vor allem vom Umgang mit dem Zuwanderungsdruck vorangetrieben wird. Die geopolitische Lage Europas ist ohnehin sehr ungünstig. Alle Industrieländer sind von Zuwanderung bedroht, doch erreicht diese nirgendwo das europäische Ausmaß. Das südliche Amerika hat eine Bevölkerung von rund 400 Millionen, d. h. die Zahl der potentiellen Emigranten ist ungefähr ebenso groß wie die der Einwohner des nördlichen Amerika (USA und Kanada). In Europa ist diese Zahl dreimal so hoch (500 Millionen vs. 1.500 Millionen). Die Landgrenze der USA gegenüber Mexiko ist relativ klein und kann relativ leicht gesichert werden, da es im Grunde nur ein Land gibt, von dem die Immigranten in die USA strömen können. In Europa ist dies ganz anders. Es ist physisch praktisch unmöglich, die Außengrenzen wirkungsvoll abzuschirmen, und gerade in den Grenzgebieten in Nordafrika und im Nahen Osten finden sich immer mehr unberechenbare Staaten, auf deren Kooperation nicht gebaut werden kann.

Andere Industrieländer wie Japan, Südkorea, Australien, Neuseeland liegen so weit von möglichen Herkunftsorten entfernt, daß die Anreise von *boat people* sehr riskant und relativ leicht zu kontrollieren ist. Problematischer ist die Lage in Südostasien (Thailand, Singapur, Malaysia etc.), die als Zielgebiete von Zuwanderern in Frage kommen könnten. Andere Länder wie China oder Rußland sind schwer zu erreichen und bilden zur Zeit noch keine attraktiven Ziele. Es bleibt also Europa als der Raum, in dem der stärkste Einwanderungsdruck zu erwarten ist.

Ist Europa in der Lage, sich angesichts dieses Drucks zu verteidigen? Dies ist im Medium der dominanten gesinnungsethischen Orientierung eher unwahrscheinlich. Diese geht ja so weit, daß sie ihre Schützlinge nicht nur als abstrakte »Menschen« respektiert, sondern auch mit allen ihren atavistischen kulturellen Merkmalen akzeptiert, die alles andere sind als humanitär-universalistisch. Der gesinnungsethische Multikulturalismus kann bei normalen Menschen Affekte der Gruppenloyalität wie Hilfsbereitschaft, Mitleid etc. ansprechen, womit diese Menschen auf eine selbstdestruktive Fährte gelockt werden. Diese Dominanz der Gesinnungsethik ist ein moralischer Ausdruck der Ochlokratie. Sie ist, wie alles in der Ochlokratie, der einfachere Weg – was jedem Kind einleuchtet, muß auch politisch geboten sein. Die moralische Komplexität der Verantwortungsethik, die Max Weber zur genuin »politischen« Haltung erklärt hat, kann so unterlaufen werden. Alles ist moralisch leicht und eindeutig, man muß nur »ein menschliches Gesicht zeigen« wollen, und dann ergeben sich die politischen Lösungen von selbst.

In Deutschland ist diese Dominanz der Gesinnungsethik durch die Merkelisierung der Politik vorangetrieben worden. Reine Gesinnungsethik hatte man zuvor eher an den politischen Rändern erlebt, auf Kirchentagen, unter den Fundamentalisten der Grünen oder bei den

Jusos. Seitdem Merkel Bundeskanzlerin ist, hat die Gesinnungsethik den gesamten politisch-medialen Raum erobert. Wir haben eine sensationelle Infantilisierung der Politik erlebt, vor allem in der Migrationsfrage, und diese ist letztlich Ausdruck einer tieferliegenden fundamentalen Infantilisierung der Bevölkerung. In der Demokratie werden die Politiker gewählt, und letztlich sind die Wähler für das verantwortlich, was in der Politik geschieht.

Betrachten wir noch einmal die Situation in den westlichen Wohlstandsländern. Dort haben sich die Menschen in einer langen Periode des Friedens und des Wirtschaftswachstums auf einem Plateau eingerichtet, auf dem sie sich so wohl fühlen, daß sich die meisten keine bessere Alternative dazu mehr vorstellen können. Aber sie ahnen vielleicht, daß sie dieses bröckelnde Plateau irgendwann in der Zukunft verlassen müssen und daß sein Niveau nicht universalisierbar ist. Ihre intuitive Ökonomie, die von Vorstellungen wie Gleichheit und Gerechtigkeit geprägt ist, lehrt sie, daß der Wohlstand, in dem sie leben, eine Kehrseite in der Armut besitzt, die in Ländern herrscht, in denen sie nicht leben. Diese Spannung ist schwer auszuhalten, und dies beeinträchtigt das Wohlgefühl in den Wohlstandszonen, zumal dann, wenn ein kausaler Zusammenhang zwischen Wohlstand und Armut hergestellt wird: Die einen sind arm, weil die anderen reich sind.

Unter der antiimperialistischen Linken in Europa spielt dieses Motiv, das in der leninistisch-trotzkistischen Tradition steht, noch immer eine wichtige Rolle: Der Reichtum im Westen beruht auf der Ausbeutung der Dritten Welt, d.h. er ist Ergebnis eines Transfers von Werten aus den Kolonien in die Metropolen. Diese haben also ihren Reichtum nicht selbst produziert, sondern aus den Kolonien gestohlen (analog zum Reichtum der Kapitalisten, der aus der Ausbeutung der Arbeiter stammt). Wenn daher Migranten aus der Dritten Welt nach Europa kommen, so wollen sie nur an dem partizipieren, was ihnen eigentlich gehört und von den Europäern geraubt wurde. Es ist also ein Akt ausgleichender Gerechtigkeit, wenn man ihnen dies gestattet. Wenn die Europäer im Zuge dessen verarmen, so verlieren sie nur etwas, was ihnen ohnehin nicht rechtmäßig gehört hatte. Die Linke, die für unbegrenzte Einwanderung eintritt, will damit also nur eine Gerechtigkeitslücke schließen. Die damit verbundene Verarmung der Europäer ist ihnen ebenso gleichgültig (oder sogar recht), wie einst die Verarmung der Bourgeoisie nach der »Expropriation der Expropriateure«.

Seit dem frühen 20. Jahrhundert, als diese Erzählung zum ersten Mal in den politischen Raum gestellt wurde, ist es niemals gelungen, sie empirisch zu validieren. Schon aus formalen Gründen mußte sie falsch sein, da der Austausch zwischen den Industrieländern und den Entwicklungsländern immer nur einen Bruchteil des Austauschs zwischen den Industrieländern betragen hat. Auf keinen Fall konnte also der Reichtum der Industrieländer Ergebnis eines ungleichen Tauschs mit den Entwicklungsländern sein, zumal deren Armut (vor allem in Afrika) in der Regel älter war als der Kontakt mit den Industrieländern. Die Erzählung der Antiimperialisten ist daher intuitiv einfach und somit plausibel für jeden, der keine Ahnung von den realen Zusammenhängen hat.

In der Tat ist aber das Wohlstandsplateau von Barbaren umgeben, die begehrlich und neidisch auf die reichen Länder schauen und gerne in sie eindringen würden. Können die Bewohner des Plateaus ihre Wohlstandsfestungen verteidigen? In rein technisch-militärischem Sinne wäre dies möglich. Aber haben sie auch den Willen dazu? Hier wird es problematisch. Die »letzten Menschen«, die am »Ende der Geschichte« leben, sind weich und kraftlos geworden. Sie sind davon überzeugt, ein historisches Endstadium von Demokratie, Menschenrechten, Umweltbewußtsein, Gleichheit und sozialer Umverteilung erreicht zu haben. Europa hat zudem den Glauben an seine inhärente Überlegenheit (als Zentrum von »Fortschritt« und »Zivilisation«) verloren, sofern damit ein Programm der Selbstbehauptung oder gar der Expansion verbunden war.

Dieses Reich der letzten Menschen bildet einen unwiderstehlichen Attraktionsraum für Menschen aus Gebieten, in denen es hinsichtlich von Wohlstand und Sicherheit nicht so gut aussieht – und dies ist natürlich ein Großteil der Welt. Diese Menschen machen sich nun auf den mühseligen Weg zur Landnahme in Europa – und Europa hat ihnen nichts entgegenzusetzen, denn es handelt sich ja um Menschen wie du und ich. Europa wird also überrannt werden, wie einst Amerika von

Europäern überrannt wurde. Damit schlägt heute die Kolonisierung auf Europa zurück, d. h. der Kontinent wird selbst kolonisiert, diesmal aber »von unten«, also nicht vermittelt über staatliche Gewalt.

Die anstehende Kolonisierung von unten zielt auf den weichsten Teil der Europäer, auf ihr moralisches Bewußtsein. Man kann sich hier einer Klaviatur bedienen, die bereits virtuos von englischen Suffragetten und europäischen Terroristen von der IRA bis zur RAF bespielt wurde: Man versetzt sich, etwa durch einen Hungerstreik, akut in eine Notlage und nutzt diese aus, um das »System« zu Konzessionen zu nötigen, bei Strafe der Beschuldigung, »Folter« oder andere inhumane Maßnahmen bzw. Unterlassungen begangen zu haben. Bei wirklich inhumanen Gegnern könnte dies natürlich nicht funktionieren. Ein Hungerstreik in Auschwitz oder an der Kolyma hätte bei den Wachmannschaften nur Gelächter ausgelöst. Wer sich selbst in eine Notlage versetzt, um den Gegner zur Rettung zu zwingen, nutzt also dessen Humanität als seinen Schwachpunkt aus.

Die aktuell zu beobachtende Taktik der Kolonisten, sich dem Risiko des Ertrinkens auszusetzen in der Hoffnung, gerettet zu werden und das erstrebte Ziel zu erreichen, entspricht formal der Grundtaktik des asymmetrischen Krieges, den derjenige gewinnt, der die größere Opferzahl verkraftet. Die Kolonisten operieren aus einer Position der Schwäche, weshalb sie sich als »David« darstellen müssen, der den »Goliath« nicht in offenem symmetrischem Kampf, sondern durch List besiegt. Zu dieser List gehört auch eine hohe Risikobereitschaft in dem Wissen oder Glauben, daß sich dies längerfristig lohnt. Zur Machtübernahme tritt man erst dann an, wenn das Terrain bereits besetzt ist.

Die letzten Menschen haben dem nichts entgegenzusetzen. Sie verzichten auf Honig, um ihn nicht den Bienen wegnehmen zu müssen. Sie stellen die Ernährung ihrer Katzen auf vegane Kost um. Sie verabscheuen Gewalt in jeder Form (außer im Fernsehen). Keiner würde mehr seine Kinder ohrfeigen, auch wenn dies nicht streng verboten wäre. Es fragt sich also, was diese Menschen den Invasoren entgegensetzen können. Ihre einzige Chance bestünde darin, diese in kürzester Zeit zu »integrieren«, sie also selbst in letzte Menschen zu verwandeln, so daß sie sanft und gewaltfrei würden wie ihre »Gastgeber«.

Was wird aber geschehen, wenn Hunderttausende von jungen Männern, die in ihrer Heimat Frauen in der Öffentlichkeit nur als wandelnde Zelte gesehen haben, plötzlich mit dem Anblick halbnackter junger Mädchen auf den Straßen konfrontiert werden? Werden sie ihren natürlichen Instinkten folgen und diese angrabschen? Werden sie bei Verweigerung zur Gewalt greifen? Werden sie die beleidigende Rückweisung mit Schlägen vergelten? Werden sie sich der unzähligen überall herumliegenden oder herumgetragenen wertvollen Güter bemächtigen, in den Läden, auf den Straßen, in den Parks oder öffentlichen Verkehrsmitteln? Ladendiebstahl, Taschendiebstahl, Straßenraub, Einbrüche – wen wird es wundern, wenn eine Welle von Beutezügen über das Land geht, die sich zunächst gegen weiche Ziele wendet?

Wer wird erstaunt sein, wenn die Lage rasch eskaliert? Eine Frau verweigert sich einem jungen Mann? Warum gerade ihm, da sie doch sonst, wie ihre laszive Kleidung zeigt, offenbar jedem zu Willen ist? Dies ist eine Beleidigung (aus »Rassismus«), eine Ehrverletzung, die geahndet werden muß. Die Polizei wird die Hinrichtung dieser Frau als »Beziehungstat« werten, und die Gerichte werden den offenbar traumatisierten Täter mit äußerster Milde behandeln und seine Strafe zur Bewährung aussetzen. Dies wird in seinem Milieu natürlich als Ausdruck von Schwäche interpretiert und zu weiteren Übergriffen motivieren.

Die letzten Menschen werden erstaunt sein, wie viele Alltagskonflikte plötzlich mit ungewohnter Gewalt ausgetragen werden, mit dem Messer, der Machete oder einer Schußwaffe. Und dann gibt es noch eine neuartige ideologische Fanatisierung der Barbaren, eine Hinwendung desorientierter und frustrierter junger Männer zum atavistischen Glauben ihrer Vorfahren. Jetzt erfolgen scheinbar »politische« Akte, Selbstmordattentate, Sprengstoffanschläge, Massenerschießungen. Eine Welle unfaßbarer blutiger Gewalt überspült die letzten Menschen, die von einer Vertreibung aus ihrem Rentnerparadies bedroht sind.

Wie werden sie reagieren? Werden sie zur Härte ihrer Vorfahren zurückfinden, die selbst Kolonisten und Konquistadoren waren? Werden sie die Taten verharmlosen, um ihr bequemes Weltbild nicht umkrempeln zu müssen? Werden sie vor Schreck erstarren und sich in ihre Häuser zurückziehen? Werden sie zornig werden und mit Vergeltung drohen? Werden sie im Bett vom Attentat auf die Politiker träumen, die ihnen dieses Schicksal eingebrockt haben? Und wird dies alles sie abwehrfähig machen? Eher nicht. Sie werden die Verunsicherung in innere Konfliktlinien transformieren, sie werden in den eigenen Reihen Feinde identifizieren, die leicht zu bekämpfen sind, da sie aus dem gleichen Holz geschnitzt sind wie sie selbst.

Europa, zumindest aber Deutschland, hat angesichts dieser Lage keine gute Prognose. Es kann sein, daß diese Länder in den nächsten Jahrzehnten von den Phänomenen des *social and moral overstretch* erfaßt und lahmgelegt werden. Wie dies im einzelnen geschieht, kann natürlich niemand wissen. Einige Faktoren lassen sich aber benennen:

- Steigerung der Transaktionskosten durch Abnahme des Vertrauens

- Steigerung der Sozialstaatskosten durch Zunahme unqualifizierter Bevölkerungsteile

- Senkung des Qualifikationsniveaus durch Fehlleitung in der Prägung von Humankapital (Inflationierung des Bildungssystems)

- Abwanderung von Höherqualifizierten, daher Abnahme staatlicher Einnahmen

- Lahmlegung technisch-industrieller Innovationen durch ideologisch motivierte Widerstände

- Erhöhung von Sozialkosten durch Quotierung und bürokratische Reglementierung

- Steigerung der Kriminalität, evtl. auch durch Terrorismus

Dies alles kann dazu führen, daß Europa, zumindest aber Deutschland sich von den führenden Rängen der Industrieländer verabschiedet. Vielleicht wird das Ideal des »Nullwachstums«, der neuen Frugalität, der *sharing economy* und der Verlangsamung auf diese Weise erreicht – natürlich kombiniert mit einem Sinken des materiellen Wohlstandsniveaus. Was dies im Kontext einer multitribalen Gesellschaft bedeuten wird, darüber kann nur spekuliert werden. Soziale Konflikte sind jedenfalls unter den Bedingungen des Wirtschaftswachstums leichter zu bewältigen als unter den Bedingen des Schrumpfens. Vielleicht verschärfen sich dann die Konflikte, vielleicht nehmen sie auch ungewohnte ideologisch-weltanschauliche Züge an.

In der europäischen Vergangenheit seit dem 19. Jahrhundert haben sich soziale Konflikte in der Regel in der ideologischen Sprache von rechts und links, von Konservatismus und Sozialismus ausgedrückt. Es mag sein, daß in der multitribalen Gesellschaft diese Dualstruktur ausgehebelt wird, und es mag sein, daß religiöse Denkfiguren wieder dominant werden. Ein Szenario, wie es Michel Houellebecq in seinem Roman »Unterwerfung« skizziert hat, wäre sicher auch in Deutschland denkbar – auch wenn es hier wohl keinen Autor gibt, der den Mut hätte, ein solches Buch zu schreiben. Der Gedanke ist jedenfalls nicht abwegig, daß die Islamisierung in einer kulturell erschütterten und nihilistisch erschöpften Gesellschaft neue einfache Gewißheiten verbreiten könnte. Und warum auch nicht.

Allerdings dürfen wir nicht vergessen, daß wir uns universalgeschichtlich in einer ökonomisch-ökologischen Epoche der strukturellen Nicht-Nachhaltigkeit befinden. Die im Prinzip gleichgewichtsfähigen Agrargesellschaften sind durch die Industrialisierung zerstört worden, und eine neue nachhaltige Struktur ist noch nicht in Sicht, was angesichts einer etwa um das Zehnfache gewachsenen Weltbevölkerung ein gravierendes Problem bildet. Seine Lösung erfordert umfangreiche wissenschaftlich-technisch-industrielle Innovationen. Europa war in der Vergangenheit der Pionier der industriellen Transformation. Kann man bei der Bewältigung der Aufgaben, die sich beim Aufbau einer dauerhaften Struktur der Weltwirtschaft stellen werden, auf den Beitrag Europas verzichten? Einen »Ausstieg« aus dieser anstehenden Dynamik kann sich die Menschheit jedenfalls nicht leisten. Daher hätte die Zerstörung Europas durch Islamisierung bzw. Chaotisierung universell-negative Auswirkungen.

Könnte man einem islamisierten Europa zutrauen, einen Betrag zum Aufbau einer nachhaltigen Wirtschaftsstruktur zu leisten? Das kann man nicht wirklich wissen, doch ist das angesichts der wissenschaftlichen und technischen Leistungsfähigkeit des Islams in der Vergangenheit eher unwahrscheinlich. Der Islam hat hochstehende agrarische Zivilisationen erobert (Römisches Reich, Persien, Indien), und es ist ihm zuweilen gelungen, Elemente von deren kulturellen Tradition zu tradieren. So konnten zahlreiche Erkenntnisse der hellenistischen Zivilisation über die *dark ages* hinweg gerettet werden, da sie im islamischen Raum kopiert wurden. Eine Weiterentwicklung fand jedoch (mit Ausnahmen etwa im Medizinbereich) nicht statt. Erst die (nordwest-)europäische Zivilisation konnte seit dem späten Mittelalter wieder an die hellenistische Tradition der Antike anknüpfen und diese weiterentwickeln. Für die Tradierung großer Teile dieser Wissensbestände konnten die europäischen Barbaren den islamischen Gelehrten dankbar sein.

Etwas Neues ist daraus aber nicht entstanden. Die islamische Welt erscheint heute, vergleicht man sie nicht nur mit Europa/Neo-Europa, sondern auch mit Rußland oder dem Fernen Osten, als erstaunlich unfruchtbar. Man kann sich kaum vorstellen, daß ein islamisiertes Europa (dessen begabteste Einwohner sich natürlich in andere Weltteile abgesetzt hätten) in der Lage wäre, die Aufgaben der anstehenden großen Transformation zur Nachhaltigkeit zu bewältigen.

Aber wäre das so schlimm? Die Industrialisierung hat sich ja schon lange von ihrem Entstehungsraum und ihrem Entstehungskontext abgekoppelt. Man kann auf Europa inzwischen verzichten. Weltregionen wie das nördliche Amerika oder Ostasien befinden sich ohne Zweifel nicht nur auf dem Niveau der Probleme, sondern sie übertreffen heute schon die europäische Lösungskompetenz. Die Menschheit ist auf Europa nicht mehr angewiesen. Vielleicht wirkt das europäische Beispiel sogar eher als Warnung und Mahnung für die »Kompetenzfestungen« (Heinsohn), die daraus lernen, welchen Pfad sie vermeiden müssen. Dies könnte ein letzter wertvoller Beitrag Europas zur Menschheitsgeschichte sein.